HERMANN MULTHAUPT

WORTE AUS DER STILLE

Weisheit der Wüstenväter

HERMANN MULTHAUPT

WORTE AUS DER STILLE

Weisheit der Wüstenväter

Sankt Ulrich Verlag

Bibliographische Information der Deutschen Bibliothek

Die Deutsche Bibliothek verzeichnet diese Publikation in der
Deutschen Nationalbibliographie; detaillierte bibliographische Da-
ten sind im Internet über http://dnb.ddb.de abrufbar.

Titelbild: fotolia
Bilder Innenteil: KNA
Umschlaggestaltung: uv media werbeagentur
Mediengruppe Sankt Ulrich Verlag, Augsburg
Druck und Bindung: Ludwig Auer GmbH, Donauwörth
Printed in Germany
ISBN 978-3-86744-146-9
www.sankt-ulrich-verlag.de

Inhalt

EINLEITUNG

Wer einmal die Faszination der Wüste erlebt hat, schwärmt für ihre Vielseitigkeit, für ihre Veränderungen bei Licht und Schatten, Hitze und Kälte – und vor allem für ihre meditative Stille. Das feine Rieseln des Sandes, die bizarren heißen Steine in der Felswüste, die unendliche Einsamkeit der Landschaft – hier wirken viele Eindrücke zusammen. Dass dort, wo in der Natur kaum etwas wächst außer in den fruchtbringenden Oasen, dennoch Leben herrscht, hat wohl kaum ein anderer Dichter so eindringlich und in überwältigenden Worten beschrieben als Antoine de Saint-Exupéry. Die Spiritualität des Schweigens haben jedoch auch die Wüstenväter erlebt, jene Einsiedler und Eremiten, die in den ersten Jahrhunderten des Christentums der lauten Welt entflohen, um zu meditieren und zu beten.

Schon bald nach Christi Tod und Himmelfahrt tauchte unter frommen, asketisch gesinnten Männern die Frage auf, ob sich christliches Leben mit irdischen Freuden vereinbaren ließe. Sie nahmen die Nachfolge Christi ernst und erstrebten eine Gemeinschaft in Armut und Einfachheit, weil sie in ihr die Lehre und den Willen Jesu am deutlichsten zu verwirklichen meinten. Aus verschiedenen Gruppen dieser Asketen, die später über das ganze Römische Reich verteilt lebten, sowie aus ihrer Idee und Bewegung entwickelte sich das Mönchtum.

Ein Mönch (zu den einzelnen Begriffen siehe das Kleine ABC auf S. 139) war zunächst jemand, der allein lebte. Die ersten Mönche in der ägyptischen Wüste waren Eremiten, Einzelgänger, oder Anachoreten. Doch es entstanden auch Gemeinschaften, die sich in Klöstern zusammenfanden; man nannte sie Koinobiten.

Der hl. Antonius (auch Antonios) war der erste bedeutende Anachoret in der ägyptischen Wüste. Er war Vor- und Idealbild für viele zu Anfang des 4. Jahrhunderts entstandene Mönchsgemeinschaften.

Drei Männer schufen die Tradition des orthodoxen Mönchtums: der Bischof und Theologe Athanasius, der Eremit Antonius und der Koinobite Pachomius. Athanasius war Bischof von Alexandria. Er sorgte für die Verbreitung des Werkes der beiden Gründer und verhalf ihnen zur Anerkennung. Denn die Mönchsväter und ihre Anhänger waren einfache Männer und theologisch kaum gebildet. Hinter dem Mönchtum aber stand eine mächtige geistige Bewegung, die von den christlichen Platonikern von Alexandria ausging. Sie verstanden es, in ihrer einzigartigen Lebensweise des Lernens und der Hingabe die bedeutenden Elemente griechischer Philosophie und religiöser Praxis mit dem Brauchtum des frühen Christentums zu vereinigen. Sie lebten in strenger Askese, ehelos, und erblickten im Martyrium für Gott ihr höchstes Lebensziel.

Als sich das Christentum immer mehr ausbreitete und zu einer Art Volksreligion wurde, zogen Antonius und seine Anhänger sich in die Wüste zurück, um der „Verweltlichung" zu entgehen und die Lehre rein und unverfälscht zu erhalten. Antonius wurde möglicherweise um 251 in Koma in Mittelägypten geboren. Er verlor seine wohlhabenden Eltern im Alter von 20 Jahren, worauf er sein Vermögen verschenkte, seine Schwester einer christlichen Jungfrauengemeinschaft anvertraute und sich schließlich in eine altägyptische Grabkammer zurückzog. Später übersiedelte er in ein verlassenes Kastell am Rande der Wüste und darauf in die Wüste am Berg Kolzim – von hier aus hatte er stets das Rote Meer im Blick. Antonius gilt als Begründer des christlichen Mönchtums. Noch während der Diokletianischen Christenverfolgung um 305 gründete er die ersten Niederlassungen von Einsiedlern, eine Gemeinschaft von mehr oder weniger zusammen oder getrennt lebenden Eremiten. Mit der Zeit sammelten sich auch Schüler um ihn, die wie er die Einsamkeit der Wüste als Lebensort wählen wollten. Antonius soll von quälenden Visionen und Versuchungen heimgesucht worden sein. Der Teufel, so ist überliefert, sei ihm in mancherlei Gestalt erschienen, um ihn von seinem Weg der Askese und Enthaltsamkeit abzubringen. Wilhelm Busch hat sich über diese Phase in Antonius' Leben durch seine satirischen Zeichnungen lustig gemacht.

In der „Vita Antonii" wird der Wüstenvater zwar als schlechter Schüler dargestellt – wie übrigens St. Patrick in Irland auch –, doch die Briefe, die er schrieb, und die Lebensregel, die er mit seinen Schülern aufstellte, waren wegweisend für die spätere Entwicklung des Mönchtums. Sieben Briefe an die Mitbrüder und Klöster sollen erhalten sein. Ob auch Kaiser Konstantin der Große und seine Söhne mit ihm in Briefwechsel standen, ist nicht bewiesen. Eine wahre Fundgrube an Weisheit und Lebenserfahrung sind die Worte der Altväter, die in der „Apophthegmata Patrum" aus dem 4./5. Jahrhundert enthalten sind. 38 Zitate oder Berichte des heiligen Antonius haben in dieser Schriftquelle Aufnahme gefunden. Er starb um 365.

Im Zusammenhang mit Antonius ist erst recht Paulus von Theben zu nennen, der nach den Aussagen seines Biographen Hieronymus im Jahre 228 als Sohn wohlhabender christlicher Eltern in Ägypten geboren wurde und nach ihrem Tod und nach Erbstreitigkeiten mit seinem Bruder während der Christenverfolgung unter Decius als erster christlicher Einsiedler und Asket in die ägyptische Wüste ging. Seine historische Existenz ist jedoch nicht belegt, möglicherweise blieb er eine Wunschgestalt seines Biographen, der der „Vita Antonii" des Athanasius, der um 300 bis 373 lebte, ein literarisches Pendant entgegensetzen wollte. Die Begegnung der beiden Wüstenväter Antonius und Paulus ist Gegenstand vieler Darstellungen auf irischen Hochkreuzen, denn in Irland hatte die koptische Kirchentradition ja eine große Blüte erlebt.

Der Name Paulus von Theben steht am 10. Januar im katholischen, am 15. Januar im orthodoxen Heiligenkalender. „Ist der Paulustag gelinde, gibt's im Frühjahr rauhe Winde", heißt es in einer Bauernregel, und „An Paulus Einsiedel Sonnenschein, bringt viel Korn und Wein" an anderer Stelle. Paulus wird auf dem irischen Hochkreuz von Moone sehr glaubhaft und eindringlich dargestellt, ebenso beispielsweise auf dem Isenheimer Altar des Matthias Grünewald. Nach der Überlieferung brachte ein Rabe dem Paulus, der sich von einer Quelle und den Früchten einer Palme ernährte, täglich ein halbes Brot. Als der 90jährige Antonius einer Vision folgend dem 113 Jahre alten Wüstennachbarn Paulus einen Besuch abstattete, trug der Rabe ein ganzes Brot herbei. Nachdem Paulus gestorben war, hob Antonius mit Hilfe zweier Löwen das Grab für ihn aus.

Unter Pachomius, einem jüngeren ägyptischen Eremiten, der von etwa 292 bis 346 lebte, entstanden die ersten christlichen Mönchsklöster für die Koinobiten. Damals verfolgte Kaiser Diokletian die jungen Christengemeinden, und viele flohen in die ägyptische Wüste, was ihnen später am Ende der Verfolgungszeit als Feigheit angekreidet wurde.

Wie lässt sich der Wille Gottes auch nur annähernd erfüllen? Diese Frage stellte sich das frühe Mönchtum in allen Zeiten seiner jungen Existenz. Die Abkehr von weltlichem Wohlstand, Entsagung persönlicher Wünsche und Strenge gegen sich selbst, die in Kasteiung gipfelte, schien den Mönchen der rechte Weg zur Vollkommenheit zu sein. Sie stützten sich nicht zuletzt auf die Lehre des Evagrius von Pontus, der den christlichen Platonikern zuzurechnen ist und in der Deutung ihrer asketischen Lehre zur Zentralfigur wurde. Nach seiner Meinung gibt es acht hauptsächliche Versuchungen, die als Hindernis auf dem Weg zum „Telos" – zum Lebensziel – zu überwinden sind: Gier, Wollust, Geiz, Zorn, Melancholie, Eitelkeit, Stolz und „Acedia" – das Gefühl der Leere, der Nutzlosigkeit und Wertlosigkeit, das den Einsamen überkommen kann. Wer diese Schwächen überwindet, findet zur „Apatheia", zur Läuterung und Befreiung, aus der Nächstenliebe erwächst. Die von irdischen Fesseln losgelöste Seele aber erfährt in der „Gnosis" das Wissen von Gott.

Die Gedanken der Väter der Wüste sind in den „Collationes" des Mönches und Abtes Johannes Cassianus (geb. um 360, gest. um 435) überliefert. Er stammte wahrscheinlich aus der römischen Provinz Scythia minor südlich der Donaumündung und pilgerte, nachdem er eine klassische Ausbildung erhalten hatte, als junger Mann nach Palästina. Im Kloster Bethlehem lernte er das christliche Mönchtum kennen. Anschließend lebte er zehn Jahre in der ägyptischen Wüste das Koinobitentum. Theologische Streitigkeiten ließen ihn um 400 den Abschied nehmen. Er wurde Schüler des Bischofs Johannes Chrysostomos in Konstantinopel und zog anschließend mit einer Delegation nach Rom, wo er Johannes Chrysostomos vor Papst Innozenz I. gegen Eudokia, die Frau des Kaisers Arkadios, verteidigte, die den Bischof in Glaubens- und Hofintrigen verstrickt hatte. Um 415 gründete Johannes Cassianus das Männerkloster Sankt Viktor und das Frauenkloster Sankt Salvator in der Nähe von Marseille. Er war ein präziser Beobachter des Lebens der Mönche in ihrer Abgeschiedenheit. Um 420 entstand sein Werk „Über die Grundsätze der Koinobiten und die acht Hauptlaster", das das ägyptische Kosterleben zum Thema hat. Er unterschied acht Hauptlaster: Unmäßigkeit, Unkeuschheit, Habsucht, Zorn, Traurigkeit, Überdruss, Ruhmsucht, Hochmut. Später verfasste er seine „Collationes", die „Unterredungen mit den Vätern", die in Gesprächsform die Erfahrungen mit den Mönchen in der ägyptischen Wüste wiedergaben. Die Lebens- und Glaubensweisheiten der Wüstenmönche kamen bis ins westliche Europa. Cassianus gilt neben Martin von Tours und Honoratus von Arles zu den ersten Klostergründern im Westen des Römischen Reiches. Vergessen ist Johannes Cassianus auch heute nicht, denn sein „Ruhegebet", eine frühchristliche, von den Mönchen in der Wüste praktizierte Meditationsform, lebt zum Teil im Benediktinerorden weiter. St. Benedikt schätzte den Autor als geistlichen Lehrer.

Unter den Gestalten des frühen orthodoxen Mönchtums nimmt der hl. Bischof und Kirchenlehrer Basilius (um 330–379) ebenfalls eine Sonderstellung ein. Er gewann im Vorderen Orient, in Syrien und Kappadokien jene Bedeutung, die St. Benedikt für den Westen erreichte. Seiner Lehre, seinem Rat und seinen Anleitungen verdankt das griechisch-orthodoxe Klosterleben sein geistiges Fundament. Mit Basilius vollzog sich jedoch schon eine deutliche Abkehr von den Wüstenmönchen und Eremiten hin zur klösterlichen Gemeinschaft, die der afrikanische Mönch und Bischof Augustinus von Hippo (354–430) noch deutlicher zu fördern trachtete. In seinen Lehren finden sich wesentliche Bestandteile heutiger Klosterregeln wie Meditation und Kontemplation sowie geregelte körperliche Arbeit nach dem Lehrsatz „ora et labora" – bete und arbeite – des hl. Benedikt.

Die Geschichte des Eremiten- und Einsiedlertums ist nicht minder spannend wie die des Mönchtums. In der Einsamkeit der Wüste wie in der Gemeinschaft gleichgesinnter Männer sind in jahrhundertelanger Tradition aus den Erfahrungen des Alleinseins und der gemeinschaftlichen Reflexion wunderbare Impulse, Gedanken und Anregungen entstanden, die dem unruhigen, abgelenkten Menschen von heute gut tun, die ihm eine neue Lebensausrichtung vermitteln können. Einige überlieferte Aufzeichnungen zur Erbauung und Beherzigung enthält dieser Band. Möge er sein Ziel nicht verfehlen.

WORTE DER WÜSTENVÄTER

EINE Frage beschäftigte den hl. Antonius über alle Maßen, und er sprach zu Gott: „Herr, wie kommt es, dass manche Menschen nach einem kurzen Leben sterben, andere jedoch ein hohes Alter erreichen? Und warum, Herr, leiden die einen Not, während es den anderen gut geht? Und warum sind die einen reich, aber ungerecht, die anderen gerecht, aber arm?" Darauf hörte Antonius eine Stimme, die ihm antwortete: „Antonius, achte auf dich selbst. Es geziemt sich nicht, den Fügungen Gottes nachzuforschen."

EIN Schüler kam zum greisen Antonius und fragte, was er tun müsse, um Gott zu gefallen. Der Vater antwortete ihm: „Tue, was ich dir jetzt sage: Wohin du auch gehst, habe überall Gott vor Augen. Was immer du tust oder redest: Suche für alles ein Zeugnis in der Heiligen Schrift. Wenn du dich an einem Ort niederlässt, so bleib und gehe nicht gleich wieder fort. Wenn du diese drei Dinge tust, wirst du dein Heil finden."

EINMAL begegneten sich die Altväter Antonius und Poimen. Antonius sagte: „Niemand kann ohne Versuchung in das Himmelreich eingehen. Wenn die Versuchungen entfallen, gibt es niemanden, der gerettet wird."

ALTVATER Pambo fragte Antonius: „Was soll ich tun?" Antonius antwortete ihm: „Verlasse dich nicht auf deine

eigene Gerechtigkeit und trauere keinen Dingen nach, die vorbei sind. Übe Enthaltsamkeit nicht nur mit der Zunge, sondern auch mit dem Bauch."

ANTONIUS sagte: „Vom Nächsten her kommen uns Leben und Tod. Gewinnen wir nämlich den Bruder, so gewinnen wir Gott. Geben wir hingegen dem Bruder Ärgernis, so sündigen wir gegen Christus."

„WENN die Fische auf dem Trockenen liegenbleiben, dann verenden sie", sagte Antonius. „So ist es auch mit den Mönchen. Wenn sie sich außerhalb des Kellions aufhalten oder sich mit Weltleuten abgeben, dann lösen sie sich aus dem Zug der Beschauung. Wie also der Fisch sich ins Wasser, so müssen wir uns ins Kellion zurückziehen, damit wir nicht durch Verweilen außerhalb die Bewahrung des Inneren vergessen."

„WER in der Wüste sitzt und die Herzensruhe pflegt", sagte Antonius, „wird drei Kämpfen entrissen: dem Hören, dem Reden, dem Sehen. Er hat nur noch den Kampf gegen die Unreinheit zu führen."

Es war ein Mann in der Wüste, der Jagd auf wilde Tiere machte. Als er Antonius mit seinen Brüdern in froher Runde erblickte, ärgerte es ihn. Antonius aber wollte ihm klarmachen, dass man zuweilen mit den Brüdern fröhlich sein müsse, und sagte: „Lege einen Pfeil auf den Bogen und spanne!" Der Mann tat, wie ihm geheißen. „Spanne ihn noch mehr!" forderte Antonius ihn auf. Da antwortete der Jäger: „Wenn ich den Bogen noch mehr spanne, wird er brechen." Da lächelte Antonius und sagte: „So ist es auch mit dem Werk Gottes. Wenn wir die Brüder über das Maß fordern, versagen sie schnell. Man muss den Brüdern also ab und zu entgegenkommen." Da ging der Jäger nachdenklich davon, die Brüder aber kehrten mit ihrem Vater nach Hause zurück.

EINIGE Brüder lobten einen Mitbruder aus ihrer Mitte. Da stellte Antonius ihn auf die Probe, ob er eine Beleidigung ertragen könne. Doch der Mitbruder konnte sie nicht aushalten. Da sagte Antonius zu ihm: „Du gleichst einem Dorf, das zwar vorne schön geschmückt ist, hinten jedoch von Räubern verwüstet wird."

EINMAL kam ein Bruder zum Altvater Antonius und bat: „Bete für mich!" Da antwortete Antonius ihm: „Weder Gott noch ich haben Erbarmen mit dir, wenn du dich nicht selbst anstrengst und Gott bittest."

EIN Mann hatte sich aus der Welt in die Wüste zurückgezogen und seinen Besitz den Armen gegeben. Doch einiges davon hatte er zurückbehalten. So kam er zum Vater Antonius. Antonius aber wusste, was geschehen war, und sagte: „Wenn du Mönch werden willst, dann gehe in das Dorf, kaufe Fleisch und lege es um deinen Leib. Alsdann kehre zu mir zurück." Der Mann tat, wie ihn Antonius geheißen hatte. Unterwegs aber kamen Hunde und Vögel und fraßen von dem Fleisch und verletzten ihn schwer. Als der künftige Mönch bei Antonius angekommen war und dieser ihn fragte, wie es ihm ergangen sei, verwies er auf seinen zerschundenen Leib. Da sagte Antonius zu ihm: „Wer der Welt entsagen will, aber dennoch Güter behalten möchte, wird von den Dämonen niedergerungen."

ALTVATER Antonius weissagte: „Es kommt eine Zeit, in der die Menschen närrisch werden, und wenn sie jemanden sehen, der kein Narr ist, dann stehen sie gegen ihn auf und sagen: Du bist von Sinnen! Deswegen nämlich, weil er ihnen nicht ähnlich ist."

EINER der Mönche bat Gott, er möge ihm die alten Väter zeigen, die vor ihm in der Wüste gelebt hatten. Er sah sie alle im Geiste, mit Ausnahme des Altvaters Antonius. Als er frage: „Wo ist der Altvater Antonius?", erhielt er die Antwort: „An dem Ort, an dem Gott ist, da ist auch Antonius."

EINMAL erhielt Antonius ein Schreiben von Kaiser Konstantin, der ihn bat, nach Konstantinopel zu kommen. Antonius war unschlüssig, was er tun solle, und fragte seinen Schüler Paulus. Dieser riet ihm: Wenn du gehst, wirst du Antonius heißen, wenn nicht, Altvater Antonius."

ANTONIUS sagte: „Ich fürchte Gott nicht mehr, sondern liebe ihn. Denn die Liebe treibt die Furcht aus" (vgl. 1 Joh 4,18).

ANTONIUS riet: „Wer ein Stück Eisen hämmert, überlegt zuerst, was er daraus machen will – eine Sichel, ein Schwert oder ein Beil. So müssen auch wir überlegen, welche Tugend wir erstreben wollen, damit wir uns nicht vergeblich bemühen."

ALS sich Abbas Arsenius zum Einsiedlerleben entschlossen und sich aus der Welt zurückgezogen hatte, betete er einmal: „Herr, zeige mir den Weg, wie ich gerettet werden kann." Da hörte er eine Stimme, die ihm rief: „Arsenius, fliehe, schweige, ruhe! Das sind die Wurzeln der Sündenlosigkeit!"

ARSENIUS wurde gefragt: „Wie kommt es, dass wir keine hohe Bildung und Philosophie besitzen, diese Landleute und Ägypter dagegen so hohe Tugenden haben?" Altvater Arsenius antwortete: „Wir haben von der weltlichen Bildung nichts, aber diese ägyptischen Landsleute haben die Tugenden durch eigene Anstrengungen erworben."

ARSENIUS fragte einmal einen ägyptischen Alten über dessen Gedanken aus. Ein anderer, der ihn beobachtete, rügte: „Altvater Arsenius, du besitzt so große griechische und römische Bildung. Wie kannst du diesen Bauern über seine Gedanken befragen?" Arsenius erwiderte: „Gewiss, die römische und griechische Bildung habe ich genossen. Aber das Alphabet dieses Bauern kenne ich noch nicht."

EIN Bruder bat den Altvater Arsenius um ein aufmunterndes Wort. Da sprach er: „Kämpfe, soweit deine Kraft reicht, dass dein inneres Wirken Gott entspricht; dann wirst du auch die Schwierigkeiten von außen überwinden."

WENN wir Gott suchen, wird er sich uns zeigen. Wenn wir ihn festhalten, wird er bei uns bleiben.
ALTVATER ARSENIUS

ALS der Altvater Arsenius einmal an einen Ort kam, an dem es viel Schilf gab, das sich im Wind hin und her bewegte, sagte er zu seinen Begleitern: „Was regt sich hier?" Und sie antworteten: „Es sind die Schilfhalme!" Arsenius nickt und erwiderte: „Wahrhaftig, wenn jemand die Herzensruhe übt, und er hört den Ruf des Straußes, dann hat sein Herz nicht mehr die gleiche Ruhe. Wieviel mehr gilt das von euch, die ihr das Rauschen des Schilfes hört."

EINMAL brachte ein Beamter dem Altvater Arsenius das Testament eines Senators, der ein Verwandter von ihm war und ihm nach dem Tode eine bedeutende Erbschaft hinterlassen hatte. Arsenius nahm es in Empfang und wollte es zerreißen. Da fiel ihm der Beamte zu Füßen und bat: „Zerreiße es bitte nicht, denn das kostet mich meinen Kopf!" Altvater Arsenius antwortete ihm: „Ich bin vor jenem schon gestorben, und er ist eben erst gestorben!" Und er gab ihm das Testament zurück und trat die Erbschaft nicht an.

ALS Altvater Arsenius dem Sterben nahe war, sagte er zu seinen Mitbrüdern: „Denkt nicht daran, für mich ein Liebesmahl zu veranstalten. Denn wenn ich es mir selbst bereitet habe, werde ich es auch finden."

DER Mönch darf es nicht dahin kommen lassen, dass ihn sein Gewissen auch nur in irgendeinem Punkte anklagt.

ABBAS AGATHON

OHNE Beobachtung der Gebote Gottes kann der Mensch zu keiner Tugend fortschreiten.

ABBAS AGATHON

ALTVATER Agathon befand sich einmal mit seinen Schülern auf einer Wanderung. Einer von ihnen sah eine Schote auf dem Wege liegen und fragte: „Vater, erlaubst du, dass ich sie aufhebe?" Agathon schaute ihn verwundert an und erwiderte: „Hast du die Schote dort hingelegt?" Der Schüler antwortete: „Nein." Darauf Altvater Agathon: „Wie willst du nehmen, was du nicht hingelegt hast?"

WENN Altvater Agathon etwas sah und darüber urteilen wollte, sprach er zu sich selbst: „Agathon, tue das nicht!" So fand sein Denken Ruhe.

EINMAL suchte Altvater Agathon zwei Schüler auf, die in der Einsamkeit lebten. Er fragte den ersten: „Wie lebst du in deinem Kellion?" Der Schüler antwortete: „Ich faste bis zum späten Abend, dann esse ich zwei Bissen." Agathon erwiderte ihm: „Das ist eine gute Lebensweise, und sie macht fast keine Mühe." Darauf fragte er den anderen Schüler: „Wie steht es mit dir?" Der Schüler erwiderte ihm: „Ich faste zwei Tage und dann esse ich zwei Bissen." Da schüttelte Agathon den Kopf und sagte zu ihm: „Wenn du dich in dieser Weise abmühst, hast du zwei Feinde zu ertragen. Wenn jemand täglich isst und nicht satt wird, hat er Mühe. Anders steht es jedoch mit dem, der zwei Tage fasten will und sich dann sättigt. Denn du fastest zwei Tage und wirst nicht satt."

WENN es sich machen ließe, dass ich einen Aussätzigen fände und ihm meinen Leib geben könnte, um dafür den seinen zu erhalten, ich täte es gern. Das nämlich ist vollendete Liebe.

ALTVATER AGATHON

EINMAL kamen Leute zum Altvater Ammonas, um sich von ihm Recht sprechen zu lassen. Ammonas stellte sich jedoch dumm. Da trat eine Frau hervor und sagte: „Dieser Alte ist verrückt!" Der Altvater hörte sie und erwiderte: „Wie viele Mühe habe ich mir in der Einsamkeit gemacht, um diese Verrücktheit zu erlangen. Und nun soll ich sie deinetwegen verlieren?"

EINMAL kam ein Bruder zum Altvater Achilas und sah, dass er Blut aus dem Munde spuckte. Da fragte er ihn: „Was ist das, Vater?" Der Greis erwiderte: „Das ist die Rede eines Bruders, die mir sehr weh tat. Ich habe mit mir gekämpft, um ihm zu verstehen zu geben, was er mir angetan hat. Doch dann bat ich Gott, dass diese Rede von mir genommen werde, und sie wurde Blut in meinem Munde. Nun spucke ich sie aus und erhalte Ruhe und vergesse das Leid."

ALTVATER Ammoes unterhielt sich mit Altvater Jesaias. „Wie siehst du mich jetzt?" fragte Ammoes. Der antwortete: „Wie einen Engel, Vater!" Nach einiger Zeit fragte er ihn abermals: „Und wie siehst du mich jetzt?" Die Antwort lautete: „Wie den Satan. Und wenn du mir auch ein gütiges Wort sagst, empfinde ich es wie ein Schwert."

Der Altvater Anub konnte von sich behaupten: „Seitdem der Name Christi über mich ausgerufen wurde, ist keine Lüge mehr aus meinem Munde gekommen."

Altvater Abraham wurde von einem Bruder gefragt: „Wenn ich oftmals esse – wie ist das zu beurteilen." Der Greis antwortete ihm: „Was schwätzt du da, Bruder? Soviel isst du? Glaubst du denn, du bist auf eine Getreidetenne gekommen?"

Einmal kam Altvater Abraham zu Altvater Are. Als die beiden zusammensaßen, kam ein Bruder zu Are und fragte: „Sage mir, Vater, was ich tun soll, damit ich gerettet werde." Are gab ihm den Rat: „Geh und verbringe dieses Jahr damit, nur jeweils abends Brot und Salz zu essen. Dann komm wieder, und ich werde mit dir reden." Der Bruder entfernte sich und folgte den Anweisungen. Das Jahr ging vorüber, und der Bruder kam wieder zu Altvater Are. Zufällig war auch Abraham wieder bei Are. Diesmal gab Are dem Bruder den Rat: „Geh und faste auch dieses Jahr zwei Tage." Der Bruder ging, da sprach Altvater Abraham zum Altvater Are: „Wie kommt es nur, dass du zu den Brüdern so sprichst, dass sie ein leichtes Los haben. Diesem Bruder aber legst du schwere Lasten zu tragen auf." Altvater Are erklärte: „In der Art, wie die anderen Brüder kommen, um zu fragen, in der Art gehen sie auch wieder weg. Dieser Bruder aber kommt Gottes wegen, um eine Weisung zu hören. Er ist ein Arbeiter! Und wenn ich ihm etwas sage, so tut er es mit Eifer. Darum sage ich ihm auch das Wort Gottes."

WENN der Mensch nicht in seinem Herzen spricht: Gott und ich allein sind in der Welt – dann kommt er nicht zur Ruhe.

ALTVATER ALONIOS

ALTVATER Agathon fragte einmal den Altvater Alonios: „Wie kann ich Herr werden über meine Zunge, dass ich keine Lüge sage?" Alonios antwortete ihm: „Wenn du nicht lügst, wirst du viele Sünden verschulden." Agathon fragte: „Wieso?" Der Altvater antwortete: „Siehe, zwei Männer haben in deiner Gegenwart einen Mord begangen. Der eine von ihnen ist in dein Kellion geflohen. Der Beamte ist da und fragt dich: Ist der Mord vor deinen Augen geschehen? Wenn du jetzt nicht lügst, wirst du einen Menschen dem Tode ausliefern. Es ist besser, du entlässt ihn vor dem Angesicht Gottes ohne Gefangennahme. Denn Gott weiß alles."

DEM Mönch geziemen diese drei Dinge: ein Leben als Fremdling, Armut und Schweigen in Geduld.

ABBAS ANDREAS

EIN Bruder hatte gesündigt und wurde vom Priester aus der Kirche gewiesen. Da erhob sich auch Altvater Besarion und ging mit dem Bruder hinaus. Und er sprach: „Auch ich bin ein Sünder!"

WENN du dich in Frieden befindest und nicht angefochten wirst, dann demütige dich besonders, damit nicht eine unberechtigte Freude über uns komme und wir uns rühmen und dem Kampfe ausgeliefert werden. Denn oft lässt es Gott nur wegen unserer Schwächen nicht zu, dass wir ausgeliefert werden, damit wir nicht zugrunde gehen.

ALTVATER BESARION

ALS Altvater Benjamin seine letzte Stunde herannahen fühlte, sagte zu seinen Brüdern: „Tut Folgendes und ihr werdet das Heil finden: Freuet euch allezeit, betet ohne Unterlass und sagt in allem Dank!"

JEMAND fragte den Altvater Biare: „Was muss ich tun, um gerettet zu werden?" Er antwortete ihm: „Wohlan, halte deinen Bauch klein, halte deine Handarbeit klein und lass keine Unruhe zu in deinem Kellion, so wirst du gerettet."

DIESE drei Dinge verlangt Gott von jedem, der die Taufe empfangen hat: den rechten Glauben von der Seele, die Wahrheit von der Zunge und Maßhaltung vom Leibe.

ALTVATER GREGORIOS

DAS ganze Leben des Menschen ist ein Tag für jene, die mit geistlicher Sehnsucht sich abmühen.

ALTVATER GREGORIOS

JE mehr der Leib blüht, desto mehr wird die Seele geschwächt, und je mehr der Leib geschwächt wird, desto mehr blüht die Seele.

ALTVATER DANIEL

WENN der Feind uns zwingt, die Herzensruhe aufzugeben, dann lasst uns nicht auf ihn hören. Denn nichts ist ihr und dem Fasten gleich. Beide verbünden sich zur

Bundesgenossenschaft gegen ihn. Denn sie gewähren den inneren Augen Scharfblick.

ABBAS DULAS

EINST sandte der heilige Bischof Epiphanios dem Altvater Hilarion die Botschaft: „Komm, wir wollen noch einmal einander sehen, bevor wir sterben." Als die beiden zusammen waren, freuten sie sich sehr. Beim Essen wurde Geflügel gereicht, und der Bischof bot seinem Gast etwas an. Da sprach Hilarion: „Verzeih mir, Bruder, aber seit ich das Mönchsgewand trage, habe ich nichts Geschlachtetes mehr gegessen." Darauf entgegnete ihm der Bischof: „Seitdem ich das Mönchsgewand genommen habe, habe ich niemanden einschlafen lassen, der etwas gegen mich hatte, und auch ich selber legte mich nicht zur Ruhe, wenn ich gegen jemand etwas hatte." Da bekannte der Altvater Hilarion: „Verzeih mir, deine Lebensweise ist besser als meine."

DER Besitz christlicher Bibeln ist denen notwendig, die sie haben. Denn schon das bloße Anschauen der Bibel allein macht uns zögernder gegenüber der Sünde, und sie leitet uns an, uns mehr der Gerechtigkeit zuzuwenden.

BISCHOF EPIPHANIOS

EINMAL fragte jemand den heiligen Bischof Epiphanios von Cypern: „Warum gibt es zehn Gebote, aber nur neun Seligpreisungen?" Darauf antwortete der Bischof: „Der Dekalog hat die gleiche Zahl wie die ägyptischen Plagen. Die Zahl der Seligpreisungen ist dreimal das Bild der Dreifaltigkeit."

GOTT verkauft seine Gerechtigkeit denen, die sie kaufen wollen, billig: um ein kleines Stück Brot, ein schlichtes Gewand, einen kühlen Trunk, einen Pfennig.

BISCHOF EPIPHANIOS

SEI in deinem Herzen davon überzeugt, dass Gott getreu und mächtig ist, und vertraue auf ihn, und du wirst teilhaben an seinen Gütern. Wenn du kleinmütig bist, hast du keinen Glauben. Und weil wir alle glauben, dass er mächtig ist, vertrauen wir auch darauf, dass ihm alles möglich ist. Aber auch in deinen persönlichen Anliegen vertraue auf ihn, denn er tut auch an dir Wunder.

ABBAS EUPREPIOS

ALLES Leibliche ist materiell. Wer die Welt liebt, liebt, was zum Anstoß wird. Wenn es sich also trifft, dass man etwas verliert, dann muss man das mit Freude und Danksagung hinnehmen, weil man jetzt von Sorgen befreit ist.

ABBAS EUPREPIOS

EIN Bruder befragte Abbas Euprepios über das Leben. Der Greis antwortete ihm: „Iss Gras, kleide dich in Gras und schlafe auf Gras – kurz, verachte alles und schaffe dir ein Herz aus Eisen."

ALTVATER Eladios verbrachte vierzig Jahre in der Kellia, aber er erhob niemals die Augen, um die Decke der Kirche zu sehen.

ALTVATER Eladios aß nur Brot und Salz. Als sich das Osterfest näherte, sprach er zu sich selber: „Die Brüder essen jetzt Brot und Salz, ich muss also noch eine kleine Mühe hinzufügen wegen des Osterfestes. Die übrigen Tage esse ich sitzend. Nachdem nun Ostern ist, werde ich mir die Mühe auferlegen und stehend essen."

Vom Altvater Zenon wird berichtet, dass er anfangs von niemand etwas nehmen wollte. Die Geber gingen traurig fort, weil er nichts annahm. Andere kamen zu ihm, weil sie von ihm etwas bekommen wollten. Aber er konnte ihnen nichts geben, weil er nichts besaß, und so gingen sie traurig fort. Da sagte sich Zenon: „Was soll ich machen? Die Spender sind betrübt, und auch die, die etwas haben möchten. Es wird besser sein, ich nehme etwas an, wenn jemand es bringt, dann kann ich geben, wenn mich jemand um etwas bittet." Mit dieser Entscheidung gewann er innere Ruhe und stellte alle zufrieden.

Wer will, dass Gott schnell auf sein Gebet hört, der bete, wenn er aufsteht und die Hände zu Gott erhebt, für alle, auch für seine eigene Seele, aus ganzem Herzen auch für seine Feinde. Und wegen solch trefflicher Tat wird Gott ihn erhören, um was immer er auch bittet.

ALTVATER ZENON

Drei Dinge fürchte ich: Wenn meine Seele aus dem Leib scheiden wird, wenn ich Gott begegnen werde und wenn sein Urteilsspruch über mich ergehen wird.

ABBAS ELIAS

Was vermag die Sünde, wo Reue ist? Und was nützt die Liebe, in der Überheblichkeit ist?

ABBAS ELIAS

ALTVATER Theodor von Pherme besaß drei schöne Bücher. Er kam zum Altvater Makarios und sagte: „Makarios, ich habe drei schöne Bücher und habe Gewinn davon. Auch die Brüder benützen sie zu ihrem Vorteil. Sage mir nun, was ich tun soll. Soll ich sie zu meinem und der Brüder Gewinn behalten und sie weiter nutzen, oder soll ich sie verkaufen und den Erlös den Armen geben?" Altvater Makarios entgegnete: „Beide Verhaltensweisen sind gut, doch die bessere und größere ist die Armut!" Als Theodor das vernahm, ging er hin, verkaufte die Bücher und gab den Erlös den Armen.

EIN Bruder fragte Altvater Theodor einmal: „Vater, willst du, dass ich an einigen wenigen Tagen kein Brot esse?" Der Mönch erwiderte ihm: „Du tust gut daran, denn so habe ich es auch gehalten." Da sagte der Bruder zu ihm: „Ich werde also meine Kichererbsen nehmen und in die Mühle bringen, um Mehl daraus mahlen zu lassen." Da antwortete ihm Theodor: „Wenn du wieder in die Mühle gehen willst, dann backe dir auch Brot. Aber welche Notwendigkeit besteht zu einem solchen Ausweg?"

EINMAL kam ein Bruder zum Altvater Theodor und fällte Urteile über Dinge, die er noch nicht verstand. Da sagte der Alte zu ihm: „Noch liegt das Schiff nicht vor Anker, noch hast du dein Gepäck nicht darauf verladen, noch bist du nicht abgesegelt – und doch bist du schon in der Stadt angekommen. Tue zuerst das Werk, dann komm und rede darüber, wie jetzt."

EIN Bruder hatte das Leben in der Wüste aufgegeben. Ein anderer kam zum Altvater Theodor und sagte: „Er ist in die Welt zurückgekehrt." Der Greis entgegnete ihm: „Wunderst du dich darüber? Wundere dich nicht, sondern wundere dich mehr darüber, wenn du hörst, dass einer dem Rachen des Feindes entkommen konnte."

ALTVATER Theodor wurde von drei Räubern überfallen. Während zwei ihn festhielten, schleppte der dritte die Einrichtung aus der Zelle. Als sie nun auch die Bücher genommen hatten und auch die Albe nehmen wollten, flehte er: „Lasst sie da!" Die Räuber aber wollten nicht. Da erhob er seine Hände und schon stürzten zwei Räuber nieder. Als sie das sahen, bekamen sie es mit der Angst zu tun. Altvater Theodor aber sagte: „Fürchtet nichts! Macht vier Teile daraus, drei nehmt ihr, den vierten lasst ihr hier." So geschah es. So behielt der Greis einen Teil der Albe für die Gottesdienste.

VON Abbas Theodor Ennatu und Abbas Lukios erzählte man, dass sie fünfzig Jahre mit ihren Gedanken Spott trieben, indem sie sagten: „Nach diesem Winter gehen wir von hier fort." Wenn nun der Sommer kam, sagten sie: „Nach diesem Sommer wandern wir von hier weg." Auf diese Weise blieben sie für immer.

EIN Gedanke kommt mir, verwirrt mich und nimmt mir die Ruhe, aber er kommt nicht zur Ausführung. Doch hindert er mich in der Tugend. Ein wachsamer Mensch aber schüttelt den Gedanken ab und erhebt sich zum Gebet.

ABBAS THEODOR SKETIOTES

ERZBISCHOF Theophilos kam einmal in die Sketis. Da versammelten sich die Brüder und sagten zum Altvater Pambo: „Halte an den Vater eine kleine Ansprache, damit er einen Gewinn hat und sich freut." Der Alte aber erwiderte: „Wenn er aus meinem Schweigen keinen Nutzen zieht, dann kann er es auch nicht aus meiner Rede."

AMMA Theodora sprach: „Kämpfet, um durch die enge Pforte einzugehen! (Mt 7,13). Es ist nämlich wie bei den Bäumen: Wenn sie nicht Unwetter und Regengüsse erhalten, tragen sie keine Frucht. So ist auch für uns dieser Aion ein Unwetter. Nur durch viele Bedrängnisse und Anfechtungen werden wir Erben des Reiches der Himmel."

DER Lehrer muss sich der Liebe zum Herrschen entfremden, er sei fern von eitlem Ruhm, weit weg von Stolz, darf sich nicht aus Schmeichelei zum Gespött machen lassen, nicht verblendet werden durch Geschenke, sich nicht von der Esslust überwinden lassen, nicht vom Zorn mitgerissen werden. Sondern der Lehrer muss großherzig sein, wohlanständig, über alles demütig, einsichtig und duldsam, mitfühlend und seelenliebend.

AMMA THEODORA

NICHT Askese, Entbehrung des Schlafes, nicht vielerlei Anstrengung rettet – es rettet allein die echte Demut.

AMMA THEODORA

AMMA Theodora erzählte einmal: „Ein Mönch litt unter einer Vielzahl von Anfechtungen. Schließlich hielt er es nicht mehr aus und sagte: Ich gehe von hier weg! Als er nun seine Sandalen anzog, bemerkte er, wie auch ein anderer Mönch seine Sandalen schnürte. Da fragte er ihn: Du gehst doch nicht meinetwegen fort? Jener erwiderte: Siehe, ich gehe dir voran, wohin immer du auch gehst."

Ein andermal erzählte Amma Theodora: „Ein frommer Mann wurde einmal von einem anderen gelästert. Dieser entgegnete ihm: Ich könnte dir auch Ähnliches sagen, aber das Gesetz Gottes schließt mir den Mund."

Altvater Johannes Kolobos (der Kleine, der Kurze) sagte einmal zu seinem älteren Bruder: „Ich will ohne Sorgen sein, so wie die Engel sorglos sind. Ich will nicht arbeiten, sondern unaufhörlich Gott dienen." Er zog sein Mönchsgewand aus und ging in die Wüste. Nachdem er eine Woche in der Einsamkeit verbracht hatte, kehrte er zu seinem Bruder zurück und klopfte an die Tür. Der Bruder, der wusste, dass es Johannes Kolobos war, fragte: „Wer ist da?" Johannes antwortete: „Ich bin es, dein Bruder!" Der Bruder erwiderte: „Johannes ist ein Engel geworden und gehört nicht mehr zu den Menschen." Johannes aber flehte seinen Bruder an und rief: „Ich bin es doch!" Der ältere Bruder ließ den jüngeren bis zum Morgengrauen vor der Tür stehen, dann öffnete er und sagte: „Wenn du ein Mensch bist, dann musst du arbeiten, damit du deine Nahrung verdienst." Johannes bereute und bat: „Verzeih mir, Bruder!"

Wenn ein König eine feindliche Stadt einnehmen will, dann bemächtigt er sich zuerst des Wassers und schneidet die Zufuhr ab. Und wenn die Menschen in der Stadt dem Verhungern und Verdursten nahe sind, unterwerfen sie sich ihm. So ist es auch mit den Begierden des Fleisches: Wenn der Mensch mit Fasten und Hungern gegen sie zu Felde zieht, dann werden die Feinde gegenüber der Seele kraftlos.

ABBAS JOHANNES KOLOBOS

EINE Anzahl älterer Mönche hielt Mahl miteinander. Unter ihnen war auch Johannes Kolobos. Da stand ein angesehener Presbyter auf und bot einen Becher Wasser an, doch außer Johannes wollte niemand ihn annehmen. Da murrten die anderen und sagten: „Du gehörst zu den jüngeren Mönchen und lässt dich von einem älteren bedienen?" Johannes entgegnete ihnen: „Wenn ich aufstehe, um einen Becher anzubieten, dann freue ich mich, wenn alle ihn annehmen, weil ich damit ein gutes Werk getan habe. Und so habe ich auch angenommen, ihm einen Verdienst um seines Seelenheiles willen zu verschaffen und damit er nicht traurig ist, weil niemand von ihm etwas nehmen will." Als Johannes so gesprochen hatte, wunderten sich die anderen und zogen Nutzen aus seiner Rede.

ABBAS Johannes sagte von sich selbst: „Ich gleiche einem Menschen, der unter einem großen Baum sitzt und sieht, wie viele wilde Tiere und Schlangen auf ihn zukommen. Kann er gegen sie nicht bestehen, so klettert er auf den Baum, um sich zu schützen. So ergeht es auch mir: Ich sitze in meinem Kelion und sehe, wie schlechte Gedanken auf mich zukommen, und wenn ich gegen sie nichts mehr vermag, dann fliehe ich zu Gott im Gebet und werde so vor dem bösen Feind gerettet."

Einmal war Altvater Johannes mit seinen Brüdern unterwegs. Da verirrte sich ihr Führer, denn es war Nacht. Da sagten die Brüder zu Abbas Johannes: „Was sollen wir tun, da unser Bruder den Weg verfehlt hat? Dass wir nur auf dieser Irrfahrt nicht sterben!" Der Greis erwiderte ihnen: „Wenn wir ihm sagen, dass er den rechten Weg nicht gefunden hat, schmerzt und beschämt es ihn. Aber ich will mich erschöpft stellen und so tun, als könne ich nicht mehr weitergehen. So harren wir bis zum Morgen aus." So tat er es. Die anderen Brüder stimmten ihm zu. „Auch wir gehen nicht mehr weiter und bleiben bei dir sitzen." Auf diese Weise nahmen sie dem Führer den Grund, beschämt und traurig zu sein.

Die leichte Last lassen wir beiseite, nämlich sich selber zu tadeln. Die schwere laden wir uns auf, nämlich die, sich selbst für gerecht zu halten.

ABBAS JOHANNES KOLOBOS

Altvater Johannes war mit dem Flechten eines Seiles beschäftigt, als ein Besucher hereintrat und seine Arbeit lobte. Johannes aber erwiderte nichts. Dreimal versuchte der Besucher, ein Gespräch anzufangen, doch noch immer schwieg Johannes. Schließlich sagte er: „Seit du hier hereingekommen bist, hast du Gott von mir gejagt."

„Warum fürchtest du die Dämonen so sehr?" fragte ein Bruder Abbas Isidor. Der Greis antwortete ihm: „Seitdem ich Mönch geworden bin, mühe ich mich ab, es nicht zuzulassen, dass der Zorn bis zur Kehle heraufkomme."

EINE Lebensweise ohne Sprechen vermag mehr zu nützen als ein Sprechen ohne Lebensart. Der eine Mensch nützt euch durch Schweigen, der andere wird euch lästig, weil er zu laut schreit. Wenn aber Sprechen und Lebensart zusammenkommen, dann vollenden sich beide zu einem Wunderbild aller Weltweisheit.

ABBAS ISIDOR VON PELUSIUM

DIE Schlechtigkeit entfernt von Gott, und auch die Menschen trennt sie voneinander. Man muss also vor ihr in eiligem Lauf fliehen und der Tugend nachfolgen, die zu Gott führt und die Menschen miteinander verbindet. Der Inbegriff der Tugend und der Philosophie ist: Lauterkeit und Einsicht.

ABBAS ISIDOR VON PELUSIUM

NACHDEM die Höhe der Tugend groß ist und gewaltig der Fall der Überheblichkeit, rate ich euch, die erstere freudig zu begrüßen, der anderen nicht zu verfallen.

ABBAS ISIDOR VON PELUSIUM

EIN Bruder kam zu Abbas Joseph in Panepho und fragte: „Was soll ich tun, Vater? Ich kann Übel nicht ertragen, kann auch nicht arbeiten und auch keine Liebe geben." Der Alte erwiderte: „Wenn du davon nichts fertigbringst, dann bewahre dein Gewissen vor jeder Sünde gegen den Nächsten, und du wirst das Heil erlangen."

EIN Bruder fragte den Altvater Joseph um Rat. „Ich möchte aus der klösterlichen Gemeinschaft fortgehen und in der Einsamkeit mein Leben gestalten." Da riet ihm der Greis: „Wo du erkennst, dass deine Seele Ruhe findet und keinen Schaden erleidet, dort lass dich nieder." Darauf antwortete der Gast: „Im Kloster habe ich Ruhe gefunden und in der Einsamkeit auch. Was, meinst du, soll ich tun?" Darauf bedeutete ihm Altvater Joseph: „Wenn du in der Gemeinschaft der Mönche und in der Einsamkeit Ruhe hast, so lege beide Gedanken wie auf eine Waage. Wo du den größten Nutzen siehst und wohin dein Gedanke dich zieht, das tue."

WER gelobt wird, muss an seine Sünden denken und sich eingestehen, dass er des Lobes nicht würdig ist.

ABBAS JAKOB

WIE eine Lampe in einem dunklen Gemach Licht verbreitet, so ist es auch mit der Furcht Gottes: Wenn sie in das Herz des Menschen kommt, erleuchtet sie ihn und lehrt ihn alle Tugenden und alle Gebote Gottes.

ABBAS JAKOB

EIN Bruder fragte den Altvater Hierakas: „Sage mir bitte ein Wort, wie ich gerettet werden kann." Abbas Hierakas riet ihm: „Bleib in deinem Kellion sitzen, iss, wenn du Hunger hast, trink, wenn du Durst hast, aber sprich nicht abfällig von einem anderen, und du wirst Heil finden."

DIE in der Schule sind, müssen ihre wahren Lehrer lieben wie Väter und fürchten wie Herrscher. Sie sollen weder aus Liebe die Furcht beiseite lassen noch aus Furcht die Liebe verdunkeln.

PRESBYTER ISIDOR

Einmal kam der Altvater Isaak, der Thebäer, ins Koinobion und sah einen Bruder, den die Sünde zu Fall gebracht hatte, und verurteilte ihn. Als er aber in die Wüste hinausgegangen war, kam ein Engel des Herrn, stellte sich vor die Tür des Kellions und sagte: „Ich lasse dich nicht eintreten." Isaak fragte erstaunt: „Warum nicht?" Der Engel antwortete ihm: „Der Herr hat mich mit dem Auftrag gesandt: Sage ihm: Was soll ich mit einem gestrauchelten Bruder, den du gerichtet hast, anfangen? Da bereute Isaak, was er zu dem Bruder gesagt hatte, und erwiderte: „Ich habe gefehlt, bitte, verzeih mir." Und der Engel sprach: „Steh auf! Gott hat dir verziehen. Aber sei in Zukunft auf der Hut und verurteile niemanden, ehe der Herr ihn gerichtet hat."

Altvater Kassian erzählte einmal von einem Besuch, der ihn mit dem hl. Germanus zu einem Altvater und seinen Mönchen nach Ägypten führte. Der Altvater erwies ihnen Gastfreundschaft, und die Besucher fragten ihn: „Warum haltet ihr gegenüber uns, die wir eure Brüder sind, die Regel des Fastens nicht ein, wie wir sie aus Palästina übernommen haben?" Der Gastgeber antwortete: „Das Fasten ist allzeit bei mir, euch jedoch kann ich nicht immer bei mir haben. Das Fasten ist eine nützliche und notwendige Sache. Sie hängt aber von unserer Entscheidung ab. Das Gesetz Gottes verlangt jedoch mit Nachdruck die Erfüllung der Liebe. In euch nun nehmen wir Christus auf. Darum muss ich mit allem Eifer darauf bedacht sein, das Gebot der Liebe zu erfüllen. Wenn ich euch dann entlassen habe, kann ich die Regel des Fastens wieder befolgen."

EIN Mönch lebte in einer Höhle mitten in der Wüste. Da kamen seine Verwandten und sagten: „Dein Vater ist dem Tode nahe. Komm heim, damit du ihn beerben kannst." Der Mönch erwiderte: „Ich bin vor ihm für die Welt gestorben. Ein Toter kann nicht einen Lebenden beerben."

SELIG, wer die Mühen mit Danksagung erträgt.

ABBAS KOPRIS

EINE Frau litt an Krebs und suchte Trost bei Abbas Longinus. Er hatte damals am neunten Meilenstein vor Alexandrien seinen Wohnsitz. Als die Frau ihn suchte, sammelte Longinus gerade Holz am Ufer des Meeres. Die Frau, die ihn nicht kannte, fragte: „Wo finde ich den Altvater Longinus, den Diener Gottes?" „Was willst du von diesem Schwindler?" fragte Longinus. „Geh nicht zu ihm, er ist ein Betrüger. Woran leidest du denn?" Die Frau offenbarte ihm ihre Krankheit, und der Altvater machte das Kreuzzeichen darüber. Dann sagte er: „Gehe, Gott heilt dich! Denn Longinus kann dir nicht helfen." Die Frau verabschiedete sich, vertraute den Worten des Altvaters und war auf der Stelle geheilt. Später erzählte sie einigen Menschen, was ihr widerfahren war, und hörte, dass sie es mit Abbas Longinus zu tun gehabt hatte.

ALTVATER Makarios, der Ägypter, stieg von der Sketis herauf und schleppte Körbe mit sich. Von der Last müde geworden, setzte er sic nieder und betete: „Mein Gott, du weißt, dass ich nicht mehr kann." Augenblicklich befand er sich am Ufer des Nils.

Ein Mann brachte seinen gelähmten Sohn ins Kellion des Altvaters Makarios, legte ihn auf den Boden und ging davon. Der Altvater beugte sich über den weinenden Jungen und fragte: „Wer hat dich hierher gebracht?" „Mein Vater hat mich hier auf den Boden gelegt und ist davongegangen." Darauf sagte der Greis zu ihm: „Auf! Renn ihm nach und fang ihn!" Auf der Stelle war der Kranke gesund und rannte seinem Vater nach.

Wenn du jemanden tadeln musst und dabei in Zorn gerätst, dann befriedigst du deine Leidenschaft. Statt dass du andere rettest, verdirbst du dich selbst.
ALTVATER MAKARIOS

„Wie müssen wir beten?", fragten einmal die Brüder den Altvater Makarios. Der Greis antwortete ihnen: „Es ist nicht nötig, viele Worte zu machen (Mt 6,7), sondern man muss die Hände ausstecken und sprechen: Herr, wie du willst und weißt, erbarme dich! Wenn ihr aber in Versuchung geratet, dann sprecht: Herr, hilf! Denn Gott weiß, was förderlich ist, und erbarmt sich unser."

Altvater Makarios wollte nicht, dass man ihn ehrte oder ehrfürchtig behandelte. Kam also jemand, der sich ihm so näherte, so sprach er nicht mit ihm. Wenn aber jemand von den Brüdern zu ihm kam und sagte: „Vater, weißt du noch, als du Kameltreiber warst und Natron stahlst, um es zu verkaufen, und die Aufseher dich dafür verprügelten?", dann antwortete ihm Makarios mit Freuden.

WENN wir an die Übel denken, die uns von Menschen zugefügt werden, dann zerstören wir die Kraft des Denkens an Gott. Wenn wir aber an die Übel denken, die uns das Böse zufügen kann, dann werden wir unverwundet bleiben.

ABBAS MAKARIOS

EIN Bruder suchte den Altvater Moses in der Sketis auf und bat um ein tröstliches Wort. Der Greis schickte ihn fort mit den Worten: „Geh in dein Kellion und setzt dich nieder, und das Kellion wird dich alles lehren."

EIN Bruder kam zum Altvater Moses und klagte, dass er eine schwere Aufgabe vor sich habe, sie aber nicht bewältigen könne. Da tröstete der Alte ihn und sagte: „Wenn du nicht ein Leichnam wirst wie die Toten, kann du deine Aufgabe nicht bewältigen."

ABBAS Moses sagte: „Wenn der Mensch nicht in seinem Herzen weiß, dass er ein Sünder ist, erhört Gott ihn nicht." Ein Schüler fragte ihn nach der Bedeutung, sich in seinem Herzen für einen Sünder zu halten. Worauf Moses antwortete: „Wenn jemand seine Sünden trägt, dann schaut er nicht auf die seines Nächsten."

EIN andermal sagte Abbas Moses: „Wenn die Tat nicht mit dem Gebet zusammenklingt, dann müht man sich vergebens." Darauf fragte ein Bruder: „Was ist das – Einklang von Tat und Gebet?" Der Altvater erwiderte ihm: „Das ist, dass wir das, worum wir bitten, nicht mehr selber tun. Wenn nämlich der Mensch seinen

Willen aufgibt, dann versöhnt sich Gott mit ihm und nimmt sein Gebet an."

Ich will lieber eine leichte, aber andauernde Beschäftigung, als eine, die schon zu Anfang Mühe macht und bald vollendet ist.

ABBAS MATOE

ABBAS Matoe berichtete, wie einmal drei Greise zum Altvater Paphnutios, auch Kephales genannt, kamen, um ihn um ein Wort zu bitten. Der Alte fragte: „Was für ein Wort soll ich euch sagen, ein weltliches oder ein geistliches?" Sie baten: „Ein geistliches." Da sagte der Alte zu ihnen: „Geht, liebt die Bedrängnis mehr als die Ruhe, die Missachtung mehr als die Ehre und das Geben mehr als das Nehmen."

GEHORSAM steht für Gehorsam. Wenn jemand Gott gehorcht, gehorcht Gott auch ihm.

ABBAS MIOS

EINMAL kam ein Soldat zu Abbas Mios und erkundigte sich, ob Gott eine bestimmte Buße annehme. Nachdem sie einige Gespräche miteinander geführt hatten, fragte der Weise den Soldaten: „Sage mir, mein Guter, wenn deine Uniform einen Riss bekommen hat, wirfst du sie dann weg?" Der Soldat entgegnete: „Nein, ich flicke sie und benutze sie weiter." Darauf sagte Abbas Mios: „Wenn du also dein Gewand schonst, wird dann nicht auch Gott sein eigenes Geschöpf verschonen?"

DAS Gebet ist der Spross der Sanftmut und der Zorn-
losigkeit, aber auch ein Schutzmittel gegen Traurigkeit
und Mutlosigkeit.

ABBAS NEILOS

ALLES, was du aus Rache gegen einen Bruder tust, der
dich beleidigt hat, wird in der Stunde des Gebetes in
deinem Herzen auftauchen.

ABBAS NEILOS

ALTVATER Joseph und Altvater Nisteroos kamen zusammen. „Was soll ich nur mit meiner Zunge anfangen", klagte Joseph, „ich kann sie nicht beherrschen."
Nisteroos fragte: „Hast du Ruhe, wenn du redest?"
„Nein", erwiderte Joseph. Darauf riet der Greis: „Wenn
du keine Ruhe hast, was redest du dann? Schweige also
lieber. Und wenn es zu einem Gespräch kommt, dann
höre lieber zu als dass du redest."

ABBAS NISTEROOS, DER KOINOBIT

EIN Hund ist besser dran als ich. Denn er hat die Liebe
und muss nicht vor dem Gericht erscheinen.

ABBAS XANTHIAS

MIT den schmutzigen Gedanken ist es wie mit einer
Truhe, die voller Kleider ist: Wenn jemand sie drinnen
liegen lässt, dann vermodern sie mit der Zeit. So ist es
auch mit den Gedanken: Wenn wir sie nicht mit dem
Leibe ausführen, dann verschwinden sie mit der Zeit
oder verfallen.

ABBAS POIMEN

Wenn ein Mensch sündigt und es leugnet, so verurteile ihn nicht. Andernfalls nimmst du ihm den Mut. Wenn du aber sagst: Sei nicht mutlos, Bruder, aber hüte dich in Zukunft, dann erweckst du seine Seele zur Reue.

Abbas Poimen

Ein Mensch, der lehrt, aber nicht tut, was er lehrt, gleicht einer Quelle: Alles bewässert und reinigt sie, nur sich selbst vermag sie nicht zu reinigen.

Abbas Poimen

Ein Bruder suchte Altvater Poimen auf und klagte: „Vater, ich habe vielerlei Gedanken und komme dadurch in Gefahr." Poimen führte den Gast ins Freie und riet ihm: „Breite dein Obergewand aus und halte die Winde auf!" „Das kann ich nicht", erwiderte der Bruder. Da sagte der Greis: „Wenn du das nicht kannst, dann kannst du auch deine Gedanken nicht hindern, zu dir zu kommen. Doch es ist deine Aufgabe, ihnen zu widerstehen."

Abbas Poimen

Da ist jemand, der scheint zu schweigen, aber sein Herz verurteilt andere. Ein solcher redet in Wirklichkeit ununterbrochen. Und da ist ein anderer, der redet von der Frühe bis zum Abend, und doch bewahrt er das Schweigen, das heißt, er redet nichts Nutzloses.

Abbas Poimen

Sich bewahren, auf sich achten und die Gabe der Unterscheidung: Diese drei Tugenden führen den Weg der Seele.

Abbas Poimen

BRÜDER, sind wir nicht wegen der Mühe an diesen Ort gekommen? Und nun bereitet er keine Mühe mehr! Ich habe meinen Mantel bereitgelegt und gehe dahin, wo Mühe ist – dort finde ich Ruhe.

ABBAS ISIDOR

WENN der Mensch einen neuen Himmel und eine neue Erde schaffen würde, so könnte er doch nicht ohne Sorge sein.

ALTVATER POIMEN

MISS dich nicht an dir selbst, sondern schließe dich an einen anderen an.

ALTVATER POIMEN

WENN du dich selber für gering hältst, hast du Ruhe, an welchem Ort du dich auch niederlässt.

ABBAS POIMEN

EIN Bruder kam zum Altvater Poimen und fragte ihn: „Ist Reden besser als Schweigen?" Der Vater antwortete ihm: „Wer wegen Gott redet, tut gut daran, wer Gottes wegen schweigt, tut es ebenso."

EINIGE Brüder fühlten sich durch laute Kinder in ihrer Nähe belästigt und sie beschlossen, fortzugehen, denn sie fürchteten, abgelenkt zu werden und ihre Seelen zu verlieren. „Die weinenden, kleinen Kinder lassen uns nicht zur Ruhe kommen", klagten sie. Da sagte Abbas Poimen: „Wegen der Stimmen der Engel wollt ihr von hier fortgehen?"

DIE Trägheit steht vor allem Anfang, und es gibt keine ärgere Leidenschaft als sie. Aber wenn der Mensch das erkennt, dann kommt er zur Ruhe.

ABBAS POIMEN

WENN der Mensch Ordnung hält, wird er nicht verwirrt.

ABBAS POIMEN

DREI Dinge können wir nicht ausrotten: Essen, Kleidung und Schlaf. Aber zum Teil vermögen wir sie einzuschränken.

ABBAS POIMEN

ABBAS Theodor von Pherme bat Abbas Pambo einmal um ein geistliches Wort. Altvater Pambo wollte zunächst nicht antworten, doch dann sagte er: „Theodor, geh und hab mit allen Erbarmen. Denn das Erbarmen schafft Zuversicht vor dem Angesicht Gottes."

EINMAL saßen einige Mönche in der Sketis über einen Mitbruder zu Gericht. Die Altväter diskutieren, nur Abbas Prior schwieg. Als er gefragt wurde, warum er sich nicht an der Unterhaltung beteilige, nahm er wortlos einen Sack, füllte ihn mit Sand und nahm ihn auf die Schulter. Vor sich aber hielt er ein Körbchen mit nur wenig Sand. Die Väter fragten ihn, was das zu bedeuten habe, und er sagte: „Der schwere Sack auf meinem Rücken sind meine vielen Sünden. Ich habe sie hinter mich gelassen, damit sie mir nicht zu schaffen machen und ich darüber weine. Doch seht, die wenigen Sünden meines Bruders trage ich hier vor mir her, und ich mache viele Worte, um den Mitbruder zu verurteilen. Das ist nicht in Ordnung. Ich sollte vielmehr meine eigenen Sünden vor mich hertragen und Gott bitten, sie mir zu verzeihen." Da erhoben sich die Väter und sagten: „Wahrhaftig, das ist der Weg des Heiles."

ABBAS Prior aß meist nur im Gehen. Als er deshalb einmal gefragt wurde, antwortete er: „Das Essen soll nicht meine Hauptarbeit sein, sondern Nebensache." Einem anderen, der die gleiche Frage stellte, entgegnete er: „Damit meine Seele beim Essen keinen sinnlichen Genuss verspürt."

WIR dürfen nicht überheblich werden, wenn der Herr etwas durch uns tut. Wir müssen vielmehr danksagen, dass wir gewürdigt wurden, von ihm berufen zu werden.
ABBAS PETRUS

ABBAS Paulos Kosmetes und sein Bruder Timotheo hatten in der Sketis oft Streit miteinander. Abbas Paulos sagte: „Wie lange soll das so weitergehen?" Abbas Timotheo erwiderte: „Erweise mir die Liebe und ertrage mich, wenn ich dir lästig falle, und wenn du mir lästig bist, will auch ich dich ertragen." So hielten sie es und hatten für das weitere Leben Ruhe.

ABBAS Romanos war sehr alt und kam zum Sterben. Seine Schüler versammelten sich um ihn und erbaten einige Rastschläge für ihr künftiges Leben. Der Greis antwortete: „Ich wüsste nicht, dass ich einmal jemandem etwas zu tun befahl, bevor ich nicht selbst den Befehl verwirklicht hätte. Ich geriet auch nicht in Zorn, wenn man nicht tat, was ich getan wissen wollte. Also habe ich in der ganzen Zeit mit euch in Frieden gelebt."

Altvater Sisoes wurde von seinen Schülern gefragt, wie lange jemand Buße tun müsse, wenn er gefehlt habe. Sie meinten: „Etwa ein Jahr?" „Das ist hart", antwortete Sisoes. „Aber doch wohl sechs Monate?" „Das ist viel", lautete seine Antwort. Sie fragten weiter: „Dann vierzig Tage?" Wieder sagte Sisoes: „Das ist viel." Da wurden die Brüder ungeduldig und fragten: „Wie lange soll er denn nun Buße tun, Vater?" Sisoes meinte: „Ich vertraue auf Gott. Wenn jemand aus ganzem Herzen bereut, wird Gott ihn auch nach drei Tagen wieder annehmen."

Abbas Amun von Rhaithos kam einmal nach Klysma, um Abbas Sisoes zu treffen, der die Wüste verlassen hatte. Der Besucher traf einen traurigen Sisoes an. „Was bedrückt dich, Vater?" fragte er. „Trauerst du der Wüste nach? Bedenke, was du dort jetzt noch tun könntest, denn du bist alt geworden." Da schaute ihn der Alte missmutig an und entgegnete: „Was sagst du mir da, Amun? Genügte mir nicht schon allein die Freiheit des Denkens in der Wüste?"

Suche Gott, aber frage nicht, wo er wohnt.

Abbas Sisoes

Altvater Silvanos und sein Schüler Zacharias weilten einmal in einem Kloster. Bevor sie wieder den Heimweg antraten, nötigte man sie, etwas zu essen. Unterwegs fand der Schüler eine Wasserquelle und wollte trinken. Da sprach der Greis zum Schüler: „Zacharias, heute ist

Fasttag." Zacharias antwortete: „Haben wir nicht vorhin gegessen, Vater?" Da erwiderte Silvanos ihm: „Es stimmt, wir haben gegessen. Aber das war ein Liebesmahl. Jetzt aber wollen wir unser Fasten halten."

EINMAL suchte ein Bruder Abbas Silvanos auf dem Berg Sinai auf. Er sah die Brüder arbeiten und sagte zu Silvanos: „Arbeitet doch nicht um der vergänglichen Nahrung willen! Heißt es nicht: Maria hat den besseren Teil erwählt?" Silvanos trug seinem Schüler auf: „Zacharias, bringe unserem Gast ein Buch und schließe ihn in einer Zelle ein." Als die neunte Stunde nahte, dachte der Besucher, dass nun bald jemand zu ihm käme und ihn zum Essen riefe. Als jedoch niemand kam, rüttelte er an der Tür, und als man ihm öffnete sagte er zu Silvanos: „Haben die Brüder heute nicht gegessen?" Der Alte antwortete: Doch!" Und der Gast fragte weiter: „Warum habt ihr mich nicht geholt?" Silvanos erwiderte ihm: „Da du ein geistiger Mensch bist, brauchst du diese Nahrung nicht. Wir fleischliche Menschen jedoch müssen essen. Darum arbeiten wir. Du aber hast den besseren Teil erwählt, indem du den ganzen Tag liest und keine fleischliche Speise essen willst." Als der Bruder das hörte, fiel er vor dem Altvater auf die Knie und sagte: „Verzeih, Vater!" Silvanos belehrte ihn: „Durchaus braucht Maria die Martha, denn wegen der Martha wird auch die Maria gerühmt."

ALTVATER Moses fragte den Altvater Silvanos: „Kann der Mensch täglich einen neuen Anfang machen?" Der Greis antwortete: „Wenn er ein Arbeiter ist, kann er sogar jede Stunde einen neuen Anfang machen."

Mir ist ein Mensch lieber, der zwar gesündigt hat, aber einsieht, dass er gesündigt hat, und bereut, als ein Mensch, der zwar nicht gesündigt hat, sich aber für einen hält, der Gerechtigkeit übt.

ALTVATER SOPATER

Wie die Soldaten des Kaisers bei der Parade weder nach rechts noch nach links schauen dürfen, so soll es auch mit dem Menschen sein, der vor Gott steht und auf ihn in Furcht schaut zu jeder Stunde, und keine Macht des Feindes kann ihn schrecken.

ALTVATER SERAPION

Wenn ich Gott anflehe, dass ich mit den Menschen gut stehe, dann wird man mich vor der Tür eines jeden finden, um Buße zu tun. Aber noch mehr werde ich bitten, dass mein Herz gegen alle rein ist.

AMMA SARRHA

Wenn ich meinen Fuß auf die Leiter setze, um hinaufzusteigen, dann halte ich mir den Tod vor Augen, bevor ich hinaufsteige.

AMMA SAHHRA

Auch der Menschen wegen Almosen zu geben, ist gut. Denn wenn es auch nur wegen der Beliebtheit bei den Menschen geschieht, so geht es dennoch schließlich auf das göttliche Wohlgefallen hinaus.

AMMA SAHHRA

Amma Synkletia sagte: „Die zu Gott gehen, haben am Anfang Kampf und vielerlei Beschwerden. Danach jedoch ist die Freude unaussprechlich. Wie nämlich diejenigen, die das Feuer anzünden wollen, zuerst vom Rauch belästigt werden und weinen müssen, um auf diese Weise das Gewünschte zu erreichen, so müssen auch wir das göttliche Feuer mit Tränen und Mühen entfachen" (Hebr 12,29).

Tiere, die Gift verspritzen, können nur durch schärfere Kräuter vertrieben werden. So vertreiben auch das Gebet und das Fasten schlechte Gedanken.

AMMA SYNKLETIA

Die selige Synkletia wurde einmal gefragt, ob die Besitzlosigkeit ein vollkommenes Gut sei. Darauf antwortete sie: „Ganz vollkommen für die, die es ertragen können. Denn die sie aushalten können, haben zwar dem Fleische nach Bedrängnis, doch in der Seele Ruhe. Wie die groben, festen Kleider beim Waschen mit Füßen getreten und kräftig herumgeschüttelt werden, so wird auch die starke Seele durch die freiwillige Armut zu noch größerer Anstrengung fähig."

„Welches ist der Weg, der zur Demut führt?" wurde Abbas Tithoe einmal gefragt. Und er antwortete: „Der Weg zur Demut ist dieser: Enthaltsamkeit und Gebet und sich selber für niedriger halten als jedes Geschöpf."

ABBAS HYPERECHIOS

Durch Einflüsterungen vertrieb die Schlange Eva aus dem Paradies. Ihr ähnlich ist der, der seinen Nächsten verleumdet. Er verdirbt die Seele des Zuhörers, und die eigene rettet er auch nicht.

ABBAS HYPERECHIOS

DEIN Denken soll ganz und gar im Königreich des Himmels sein, denn nicht lange, und du wirst es zum Erbe erhalten.

ABBAS HYPERECHIOS

WER mehr als recht gelobt und geehrt wird, der wird schwer bestraft. Wer überhaupt nicht von den Menschen geachtet wird, der wird droben verherrlicht werden.

ABBAS OR

WENN du deinen Bruder verleumdet hast, und dein Gewissen macht dir Vorwürfe, dann gehe hin, wirf dich vor ihm nieder und sage: „Ich habe dich verleumdet!" Und hüte dich, dass du nicht wieder spottest. Denn die Verleumdung ist der Tod der Seele.

ABBAS OR

AUS deinem Munde komme niemals ein böses Wort. Denn auch der Weinstock bringt keine Dornen hervor.

ABBAS HYPERECHIOS

EIN Mensch, der den Tod vor Augen hat, wird zu jeder Stunde die Verzagtheit überwinden.

WER in seiner Seele die Erinnerung an Böses festhält, gleicht einem Feuer, das man unter Stroh verbirgt.

So wie es unmöglich ist, ein Schiff ohne Nägel zu bauen, so kann auch ein Mensch ohne Demut nicht selig werden.

AMMA SYNKLETIA

DIE Demut besteht darin, dass du einem Bruder, der gegen dich gefehlt hat, verzeihst, noch ehe er dich um Verzeihung gebeten hat.

WENN zwischen dir und einem anderen ein Redestreit entsteht und der andere leugnet, indem er erwidert: „Das habe ich nicht gesagt!", dann streite nicht mit ihm und sage nicht: „Das hast du doch gesagt!" Sonst erregt er sich und sagt dir: „Ja, ich habe es gesagt!"

EIN alter Mönch war häufig krank. Nun geschah es aber, dass er einmal ein ganzes Jahr nicht krank gewesen war, und das betrübte ihn so sehr, dass er unter Tränen ausrief: „Gott hat mich verlassen, da er mich nicht heimsuchte!"

EIN alter Mönch wohnte in der Wüste und hatte von seiner Zelle bis zur Wasserstelle zwölf Meilen zurückzulegen. Als er wieder einmal den langen Weg zurücklegte, um Wasser zu holen, verließen ihn die Kräfte. Da sagte er sich: Warum soll ich mir diese Mühe machen? Ich will hierher ziehen und in der Nähe des Wassers meine Wohnung nehmen. Als er sich umblickte, gewahrte er jemanden, der seine Fußtritte zählte. Auf die Frage des Mönches, wer er sei, antwortete dieser: Ich bin ein Engel des Herrn und wurde abgesandt, deine Fußtritte zu zählen und dich dafür zu belohnen. Als der Greis das hörte, schöpfte er neue Kraft und verlegte sogar seine Zelle weiter vom Wasser weg.

Nichts verlangt Gott von den Anfängern im geistlichen Leben so sehr wie die Mühe des Gehorsams.

Ein Bruder fragte einen Altvater: „Ich kenne zwei Brüder, von denen der eine ruhig in seiner Zelle sitzt, ohne Unterbrechung sechs Tage lang fastet und sich schwere Arbeit auflädt, während der andere den Kranken dient. Welcher von beiden handelt Gott wohlgefälliger?" Der weise Alte antwortete: „Und wenn jener, der sechs Tage lang fastet, sich auch dazu noch an der Nase aufhinge, so käme er noch lange nicht dem gleich, der den Kranken dient."

Einst kamen zwei Brüder zu einem Altvater, dessen Gewohnheit es war, nur alle zwei Tage zu essen. Als er die Brüder sah, nahm er sie mit Freuden auf und sprach: „Das Fasten hat wohl seinen Lohn. Wer aber aus Liebe isst, der erfüllt zwei Gebote: Er verleugnet nämlich seinen eigenen Willen und handelt nach dem Gebot, die Brüder zu erquicken."

Was du selbst nicht willst, das tue auch keinem anderen. Willst du nicht, dass man von dir Böses spricht, dann rede nichts Schlimmes über einen anderen. Willst du nicht, dass man dich verleumdet, dann verleumde auch keinen anderen. Wenn du den hassest, der dich schmäht, dich beleidigt oder nimmt, was dein ist, dann tu keinem anderen von alldem. Wer also dieses Wort beachten kann, der hat genug zu seinem Heil.

ERWIRB dir niemals etwas, das du deinem Bruder, wenn er dich darum bäte, nicht geben würdest und wodurch du die Gebote Gottes übertreten würdest. Denn dem, der dich bittet, gib, und wer von dir etwas entleihen will, dem schlage es nicht ab.

ABBAS AGATHON

EIN Greis sagte: „Wenn ein Mensch nur Worte macht, aber keine Werke aufzuweisen hat, dann gleicht er einem Baum mit Blättern, aber ohne Frucht. Und wie ein Baum, der reich an Früchten ist, selbstverständlich auch Blätter hat, so folgt bei einem Menschen, der gute Werke hat, das Wort von selbst."

EINST starb in der Sketis ein Altvater. Die Brüder umstanden sein Bett, um ihm beizustehen und ihn zu beweinen. Er aber öffnete seine Augen und lachte, öffnete wieder seine Augen und lachte ein zweites Mal und tat dasselbe ein drittes Mal. Da fragten ihn die Brüder: „Sage uns, Vater, warum du lachst, während wir weinen?" Der Altvater antwortete: „Zum ersten Mal habe ich gelacht, weil ihr alle den Tod fürchtet. Zum zweiten Mal, weil ihr nicht bereit seid. Und zum dritten Mal, weil ich von der Arbeit hingehe zur Ruhe."

EINEN unruhigen und ausschweifenden Geist bestärkt das Lesen, Wachen und Beten. Die Glut der Begierde aber löschen der Hunger, die Arbeit und der Fleiß. Und den erregten Zorn unterdrückt der Psalmengesang, die Geduld und die Barmherzigkeit, jedoch alles zur rechten Zeit und in rechtem Maß. Denn unzeitig oder maßlos getan, hilft es nur wenig und bringt fast mehr Schaden als Nutzen.

ABBAS ELEGRIUS

DIE Altväter der Vorzeit begaben sich in die Wüste und machten nicht nur sich selbst gesund, sondern wurden auch noch Ärzte für andere. Wenn aber von uns einer in die Wüste geht, dann will er andere früher heilen, als sich selbst. Und unsere Schwäche kehrt zu uns zurück, und unsere letzten Dinge werden ärger als die ersten, und daher heißt es für uns: Arzt, heile dich vorher selbst.

ALTVATER ANTONIUS

ERHEBE dein Herz nicht über deinen Bruder, indem du etwa sagst: Ich bin nüchterner und enthaltsamer oder verständiger als er, sondern unterwirf dich der Gnade Gottes im Geist der Armut und durch ungeheuchelte Liebe. Sei nicht aufgeblasen vom Geist der Hoffart, du zerstörst dadurch deine Arbeit, sondern sei mit geistlichem Salz in Christo gewürzt.

So wie es unmöglich ist, dass einer in einem bewegten Wasser sein Gesicht betrachten kann, so kann auch die Seele, wenn sie nicht vorher von allen fremden Gedanken gereinigt wurde, nicht gesammelt zu Gott beten.

MAN braucht nicht nur Reden. Denn es gibt viele Reden unter den Menschen in dieser Zeit. Was not tut, ist die Tat. Das wird gesucht und nicht Reden, die keine Frucht bringen.

ABBAS JAKOB

KEINE andere Tugend ist wie die: niemanden verachten.

ABBAS THEODOR VON PHERME

Es gibt eine überspannte Askese, die vom Feinde ist. Denn auch seine Schüler üben sie. Wie nun unterscheiden wir die göttliche, die königliche Askese von der tyrannischen, dämonischen? Offenkundig durch das Maß. Alle deine Zeit sollst du eine Norm für das Fasten haben. Faste nicht vier oder fünf Tage, und brich es nicht die übrige Zeit durch eine Fülle von Speisen. Denn überall ist die Maßlosigkeit verderbenbringend. Solange du jung und gesund bist, faste. Es kommt das Alter mit seiner Schwäche. Soviel du kannst, häufe dir einen Schatz an geistiger Nahrung auf, damit du Ruhe findest, wenn du nicht mehr kannst.

AMMA SYNKLETIKA

BIST du ein Freund des Schweigens, dann wirst du Ruhe haben an jedem Ort, an dem du wohnst.

ABBAS POIMEN

DAS Gebet ist der Spross der Sanftmut und ein Mittel gegen den Zorn. – Das Gebet ist ein Schutzmittel gegen Traurigkeit und Mutlosigkeit.

ABBAS NEILOS

WENN wir an die Übel denken, die uns von den Menschen zugefügt werden, dann zerstören wir die Kraft des Denkens an Gott. Und wenn wir an die Übel von den Dämonen denken, dann werden wir unverwundet bleiben.

ABBAS MAKARIOS

NIEMAND kann unversucht ins Himmelreich eingehen. Nimm die Versuchungen weg, und es ist niemand, der Rettung findet.

ALTVATER ANTONIUS

NICHT weil uns schlechte Gedanken einfallen, werden wir ihretwegen verdammt, sondern wenn wir sie schlecht gebrauchen. Denn es ist so, dass wir durch Gedanken sowohl Schiffbruch leiden als auch durch Gedanken gekrönt werden können.

MAN erzählte von dem Altvater Isidor, dem Presbyter der Sketis: Hatte einer einen widerspenstigen oder schwachen Bruder oder einen nachlässigen oder überheblichen und wollte ihn hinauswerfen, dann sagte er: „Bring ihn hierher zu mir!" Und er nahm ihn auf und rettete ihn kraft seiner Langmut.

WENN du dem guten Menschen ein wenig Gutes tust, dann tue dem anderen doppelt so viel. Denn er ist mit einer Schwäche behaftet.

ALTVATER POIMEN

EINIGE von den Alten kamen zu Altvater Poimen und fragten ihn: „Wenn wir beim Gottesdienst Brüder einnicken sehen, willst du, dass wir ihnen einen Stoß geben, damit sie in der Vigilie wachen?" Er erwiderte: „Wahrlich, wenn ich einen Bruder einnicken sehe, dann leg ich seinen Kopf auf meine Knie und lasse ihn ruhen."

ABBAS Moses sprach: „Wenn der Mensch nicht in seinem Herzen bewahrt, dass er ein Sünder ist, erhört

Gott ihn nicht." Ein Bruder fragte ihn: „Was ist das: in seinem Herzen sich für einen Sünder halten?" Der Greis erklärte: „Wenn jemand seine Sünden trägt, dann schaut er nicht auf die des Nächsten."

EIN Altvater sprach: „Niemals ersehnte ich ein – geistliches – Werk, das zwar mir nützte, aber meinem Bruder schadete. Denn ich hoffe, dass ein Werk, das meinem Bruder Gewinn bedeutet, auch mir Frucht abwirft."

ALTVATER Agathon trug – wie man erzählte – drei Jahre einen Stein im Mund, damit er das Schweigen besser beherrschte.

VON Arsenios ist überliefert, dass er einmal von Dämonen gequält wurde. Ein Diener, der außerhalb des Kellion stehenblieb, hörte Arsenios zu Gott rufen: „Du großer Gott, verlass mich nicht. Ich habe in deinen Augen vielleicht noch nichts Gutes getan, aber gewähre mir in deiner Güte, einen Anfang zu machen."

„ICH habe eine große Sünde getan und will drei Jahre Buße tun", klagte ein Bruder einmal beim Altvater Poimen. Der Altvater erwiderte: „Das ist viel!" Worauf der Bruder fragte: „Dann aber wohl ein Jahr lang?" „Poimen entgegnete: „Das ist viel!" „Dann wohl vierzig Tage?" fragten einige Mönche, die dabei waren. Der Greis schüttelte den Kopf und sagte: „Das ist viel. Ich möchte etwas sagen: Wenn der Mensch aus ganzem Herzen seine Sünde bereut und sich vornimmt, sie nicht mehr zu tun, dann schließt Gott ihn auch nach drei Tagen wieder in seine Arme."

ABBAS Poimen wurde einmal gefragt, was die Werkzeuge der Seele seien. Darauf antwortete er: „Man muss sich vor dem Angesicht Gottes niederwerfen, sich nicht selber messen und den eigenen Willen hinter sich werfen. Das sind die Werkzeuge der Seele."

ZU einem Einsiedler, der in einer Höhle neben dem Kloster wohnte, kamen eines Tages einige Mönche. Sie forderten den Einsiedler auf, mit ihnen zu essen, was er auch tat. Es war aber zu einer Stunde, in der er sonst keine Mahlzeiten zu sich nahm. Nach dem Essen fragten ihn die Gäste: „Vater, bist du betrübt, weil du zu einer ungewohnten Stunde mit uns essen musstest und damit etwas gegen deine Gewohnheit getan hast?" Er antwortete ihnen. „Es schmerzte mich, wenn ich den eigenen Willen getan hätte."

EIN Altvater hatte die Gewohnheit, nur alle zwei Tage zu essen. Eines Tages kamen zwei Mitbrüder, die er mit Freuden aufnahm. Er sagte zu ihnen: „Das Fasten hat wohl seinen Lohn. Wer aber aus Liebe isst, der erfüllt zwei Gebote: Er stellt seinen eigenen Willen hintan und handelt nach dem Gebot der Nächstenliebe, nämlich die Brüder zu erquicken."

NACH einem Festgottesdienst speisten die Brüder einmal gemeinsam in einer Kirche. Als die Diener die Speisen auftrugen, sagte einer zu ihnen: „Bring mir bitte etwas Salz." Denn er enthielt sich gekochter Speisen. Ein Bruder, der Zeuge dieser Worte war, rief der Versammlung der Mönche zu: „Ja, bringt diesem Bruder, der nichts Gekochtes isst, Salz!" Darauf antwortete

Altvater Theodor: „Es wäre besser gewesen, du hättest in deinem Kellion Fleisch gegessen, als jetzt vor den Brüdern eine solche Bitte auszusprechen."

Als Abbas Jesaja einmal gefragt wurde, was der Zorn sei, antwortete er: „Streitsucht, Lüge und Unwissenheit."

So fragte man auch einmal Abbas Hyperechios einmal, was Zorn sei, und er entgegnete: „Wer die Zunge im Augenblick des Zorns nicht im Zaume hat, der wird auch die übrigen Leidenschaften nicht beherrschen."

Ähnlich äußerte sich auch einmal Altvater Makarios, der Ägypter: „Wenn du jemanden tadeln musst und dabei in Zorn gerätst, dann dienst du deiner eigenen Leidenschaft. Statt andere zu retten, verdirbst du dich selbst."

Ein Bruder, der in einem Kloster lebte, geriet häufig in Zorn. Er fasste schließlich den Vorsatz, die Gemeinschaft zu verlassen, um seine Leidenschaft zu bezwingen. Denn wenn ich allein lebe, so sagte er sich, habe ich niemanden, mit dem ich in Streit geraten und darüber zornig werden könnte. Also zog er in die Einsamkeit der Wüste und lebte eine Weile dort. Eines Tages füllte er seinen Wasserkrug. Dabei verschüttete er etwas von dem kostbaren Nass und geriet darüber in Zorn. Das gleiche passierte ihm noch zweimal. Schließlich war er so zornig, dass er den Krug zerschlug. Als sich der Bruder schließlich wieder gefasst hatte und sah, was er angerichtet hatte, sagte er zu sich: Jetzt bin ich hier zwar allein, doch der Geist des Zornes hat mich auch hier erfasst. Ich sollte wieder in die Gemeinschaft der Brüder zurückkehren und dort, mit Gottes Beistand, versuchen, meiner Schwäche Herr zu werden. Also tat er und nahm seinen Platz im Kloster wieder ein.

AMMA Synkletika riet jemandem, der von einem anderen sehr gekränkt worden war: „Es ist gut, sich nie zu erzürnen. Geschieht es aber doch, so lasse dieser Leidenschaft nicht einen Tag ihren Lauf, sondern sage: Die Sonne soll nicht untergehen. Denn sonst könnte es geschehen, dass du bis zum Untergang der Sonne warten willst, während dein Leben schon dem Untergang geweiht ist. Warum hasst du den Menschen, der dich gekränkt hat? Er selbst ist ja nicht der Übeltäter, sondern der Böse, der Teufel. Hasse die Krankheit, aber nicht den Kranken."

ZU einem Altvater kam eines Tages ein Bruder und bat um einen Rat für sein Leben. Darauf sagte der Greis: „Kannst du alle Beschimpfungen und Verleugnungen schweigend ertragen, so ist das etwas Großes, das alle Tugenden übertrifft."

WENN du das Gefühl hast, stolz und überheblich zu sein, dann erforsche dein Gewissen, ob du alle Gebote beachtet hast, ob du zum Beispiel deine Feinde liebst und über ihr Unglück traurig bist. Ob du dich für einen unwürdigen Diener hältst und sündiger als alle anderen. Wenn du diese Fragen bejahen kannst, dann wirst du nicht zu hoch von dir denken. Denn durch stolze Gedanken wird alles verdorben.

ABBAS OR

Abbas Rhomaios erzählte einmal folgende Geschichte: Ein Greis hatte einen Schüler, den er nicht mochte. Er wurde seiner schließlich überdrüssig und trieb ihn aus seiner Zelle hinaus. Der Schüler aber blieb draußen sitzen. Als der Greis die Tür öffnete und den jungen Mann dort sitzen saß, gereute ihn, was er getan hatte. Er warf sich vor ihm nieder, redete ihn mit „Vater" an und sagte. „Die Demut deiner Hochherzigkeit hat mich und meinen kleinen Geist besiegt. Komm herein und sei du von nun an der Greis und Vater, ich aber will der Jüngere und dein Schüler sein."

Ein Greis sagte: „Es ist unmöglich, dass Same und Pflanze zur gleichen Zeit entstehen. Ebenso ist es unmöglich, dass wir das Lob und den Ruhm der Welt genießen können und zugleich auch Früchte für den Himmel hervorbringen."

Ein erfahrener Mönch sagte: „Wer stets von neuem von den Menschen geehrt und gelobt wird, nimmt im Lauf der Zeit Schaden an seiner Seele. Nimm er aber von den Menschen keine Ehre an, wird Gott ihn im jenseitigen Leben ehren."

Zu einem Altvater kam eines Tages ein junger Mönch und fragte ihn, was Demut sei. Darauf erwiderte der Altvater: „Demut ist, wenn du einem Bruder, der dir Unrecht getan hat, verzeihst, noch ehe er dich um Verzeihung gebeten hat."

Auf die Frage, was Demut sei, antwortete ein erfahrener Mönch einem jüngeren: „Tue denen Gutes, die dir Übles tun." Der jüngere fragte weiter: „Wenn jemand bis zu diesem Grad der Vollkommenheit gelangt ist, was soll er dann tun?" Darauf erwiderte der weise Mönch: „Dann soll er fliehen und schweigen."

Zu Abbas Poimen kam eines Tages ein Mönch. Als die Brüder versammelt waren, sagte der Gast, er kenne einen Bruder, der Hass gegen das Böse habe. „Und was ist der Hass gegen das Böse?" fragte Abbas Poimen. Wegen dieser merkwürdigen Frage verschlug es dem Besucher die Sprache. Doch dann stand er auf, warf sich Abbas Poimen zu Füßen und bat: „Sage mir, was der Hass gegen das Böse ist." Und der Altvater erwiderte ihm: „Hass gegen das Böse ist, wenn jemand seine Sünden hasst – aber bestrebt ist, seinem Nächsten Gerechtigkeit widerfahren zu lassen."

Das Zusammenleben der Brüder war oftmals nicht leicht. So fragte einmal ein Mönch, der in Gemeinschaft mit anderen lebte, den Altvater Besarion: „Was soll ich tun?" Darauf entgegnete der Altvater: „Schweige und miss dich nicht mit deinen Brüdern."

Die Väter der Wüste waren darauf eingestellt, täglich den inneren Kampf um ihr Seelenheil bestehen zu müssen. Befanden sie sich in Frieden mit sich selbst und waren sie keinen Anfechtungen ausgesetzt, dann sollten sie sich nach einer Empfehlung von Altvater Besarion besonders demütigen, damit nicht eine unverdiente Freude über sie käme und sie sich ihrer Tugenden rühmten. Denn Gott, so mutmaßte er, lasse nur wegen der menschlichen Schwäche nicht zu, dass seine Geschöpfe ausgeliefert würden und zugrunde gingen.

Nach dem Verständnis der Altväter werden Menschen, die versucht werden, demütiger. Denn Gott sieht die Schwachheit und schützt uns. Rühmt man sich aber seiner Verdienste und seiner Stärke, so zieht Gott diesen Schutz zurück, und die Menschen verderben.

Abbas Poimen war der Ansicht, dass der Mensch der Demütigungen und der Furcht Gottes bedürfe wie der Atem, der aus der Nase hervorquillt.

Ein Altvater sagte: „Ich möchte lieber mit Demut besiegt werden als mit Stolz siegen."

Immer wieder beschäftigte die Wüstenväter die Frage: Was ist Demut? Ein erfahrener Greis sagte einmal: „Die Demut ist ein großes Werk Gottes. Der Weg zur Demut aber ist körperliche Arbeit, sich selbst für einen sündigen Menschen zu halten und sich allen zu unterwerfen." „Was aber heißt – allen unterworfen zu sein?" wurde er gefragt. Darauf antwortete der Greis: „Allen unterworfen zu sein heißt, nicht auf die Fehler der anderen zu achten, sondern nur die eigenen zu bedenken und ununterbrochen zu Gott zu flehen."

Ein Altvater sagte von sich: „Niemals habe ich meine Ordnung übertreten, um höher zu steigen, niemals wurde ich verwirrt, wenn man mich gedemütigt hat. All mein Denken und Zielen war darauf gerichtet,

Gott zu bitten, er wolle den alten Menschen in mir ausziehen."

Altvater Antonios gab auch folgenden Hinweis: „Ein Mönch, der nur wenige Tage arbeitet und danach aufhört, dann wieder beginnt und sich schließlich wieder dem Müßiggang hingibt, der tut nichts und ist nicht beharrlich in Geduld."

Altvater Johannes Kolobos wurde einmal gefragt, was ein Mönch sei. Er erwiderte: „Der Mönch ist Mühe. Denn der Mönch müht sich ab in jedem Werk. So ist der Mönch."

Ein Altvater zog Bilanz seiner geistigen Bemühungen und sagte: „Wir erzielen im Guten deshalb so geringe Fortschritte, weil wir nicht Maß halten können, so auch bei angefangenen Arbeiten wenig Geduld haben. Wir meinen, die Tugend ohne Mühen zu erlangen."

Abbas Poimen stellte einmal folgenden Vergleich auf: „Der Rauch vertreibt die Bienen und nimmt ihrer Arbeit die Süßigkeit. So vertreibt die körperliche Bequemlichkeit die Furcht Gottes aus der Seele und gefährdet ihr ganzes Werk."

Nach Meinung von Altvater Daniel wird die Seele geschwächt, je mehr dem Leib Wohltaten erwiesen werden. Wird aber der Leib geschwächt, das heißt weniger beachtet, so blüht die Seele auf.

Ein Altvater ertappte sich oft bei dem Gedanken, dass er sich sagte: Gib heute nach, du kannst ja morgen wieder Buße tun. Dann widersprach er sich selbst und sagte, nein, ich will heute Buße tun. Morgen aber geschehe Gottes Wille.

Altvater Antonios berichtete von Eremiten, die ihren Leib mit Bußübungen aufgerieben hatten. „Da sie die Gabe der Unterscheidung zwischen dem geregelten Maß und der Unmäßigkeit nicht besaßen, haben sie sich weit von Gott entfernt", sagte er.

Altvater Pambo übte drei körperliche Tugenden: Das tägliche Fasten bis zum Abend, das Schweigen und viel Handarbeit.

Altvater Poimen erhielt eines Tages Besuch von einem jüngeren Mitbruder, der darüber klagte, dass er zur Unkeuschheit versucht werde. Er hatte sich zunächst Rat bei Abbas Ibistion gesucht. Der hatte ihm geraten: „Du darfst die Unkeuschheit nicht zu lange in dir wohnen lassen." Doch Abbas Poimen sagte: „Abbas Ibistion und seine Taten werden von den Engeln verwaltet. Wir aber, du und ich, wir leben in der Anfechtung. Wenn der Mensch jedoch seinen Bauch durch Fasten und die Zunge durch Schweigen beherrscht und es auch in seinem Kellion aushält, dann habe Mut. Der Mut wird nicht sinken."

Abbas Dioskuros backte sein Brot mal aus Gerste oder aus Linsen. Jedes Jahr nahm er sich eine besondere Verpflichtung vor. Mal sagte er: „Dieses Jahr werde ich niemanden besuchen", oder: „Dieses Jahr werde ich nicht sprechen." Oder: „Ich werde nichts Gekochtes genießen, oder: „Ich werde im neuen Jahr kein Obst und Gemüse essen." Immer wieder verfuhr er nach dieser Methode, immer wieder nahm er sich etwas Neues vor. Das geschah über viele Jahre.

„Lass dich nicht ein Ding gereuen, das vorbei ist", riet Altvater Pambo dem Altvater Antonios. „Und baue nicht auf deine eigene Gerechtigkeit. Übe die Enthaltsamkeit der Zunge und deines Bauches."

Enthaltsamkeit war ein Schwerpunkt im Streben der Wüstenväter nach Vollkommenheit. Deshalb forderte Abbas Poimen: „Man muss das Leibliche fliehen." Und er verglich den Menschen mit körperlichen Gelüsten mit jemandem, der sich über einem tiefen Sumpf befindet. Der Feind, der seine Stunde erwartet, hat ein Leichtes, sich auf ihn zu stürzen und in den Sumpf zu ziehen. Wer aber dem Körperlichen entsagen kann, der ist wie jemand, der festen Boden unter den Füßen hat. Der Feind mag noch so heftig an ihm zerren und versuchen, ihn in die Tiefe zu stürzen, Je größer die Gewalt des Feindes gegen ihn ist, um so mehr hilft Gott.

Altvater Tithoe wurde einmal gefragt, wie man sein Herz bewahren könne, und er antwortete: „Wie können wir unser Herz bewahren, wenn Mund und Bauch geöffnet sind?"

Was zur Unzeit und mit Maßlosigkeit getan wird, das bringt mehr Schaden als Nutzen. Diese Erfahrung der

Eremiten beherzigte auch Abbas Elegrius, als er sagte, Lesen, Wachen und Beten seien die besten Waffen gegen einen unruhigen und ausschweifenden Geist. Die Glut der Begierden aber werde durch Hunger, Arbeit und Fleiß gelöscht. Wer in Zorn gerate, solle ihn mit Psalmengesang, Geduld und Barmherzigkeit bekämpfen. Doch alles müsse zur rechten Zeit und mit rechtem Maß geschehen.

Ein Altvater meinte: „Wenn unser äußerer Mensch sich nicht nüchtern beträgt, ist es unmöglich, den inneren unangefochten zu retten."

Ein anderer Altvater sagte: „Iss nicht das, wonach dich gerade gelüstet, sondern das, was Gott dir gerade schenkt, und danke ihm."

Von Abbas Joseph gefragt, wie man fasten müsse, antwortete Altvater Poimen: „Mein Wunsch ist, dass jeder, der isst, täglich ein wenig Nahrung zu sich nimmt." Darauf entgegnete Joseph: „Hast du nicht jeweils zwei Tage gefastet, als du noch jünger warst?" „Ja, auch drei und vier Tage, und manchmal eine Woche", antwortete Altvater Poimen. „So haben es unsere Väter gehalten und gebilligt, als sie noch bei Kräften waren. Dann aber fanden sie, dass es ratsamer sei, täglich zu essen, jedoch nur wenig. Diesen königlichen Weg sind sie gegangen, weil er leicht ist."

Wer fastet, soll sich nicht wegen seiner Enthaltsamkeit rühmen. Abbas Isidor, der Presbyter, meinte: „Wenn ihr in rechter Weise durch Fasten Askese übt, dann werdet ihr nicht hochmütig. Wenn ihr euch aber deswegen rühmt, wäre es besser, Fleisch zu essen. Es nützt dem Menschen mehr, Fleisch zu essen, als sich aufzublasen und sich seiner Taten zu rühmen."

EIN Bruder im Koinobion des Abbas Elias hatte gefehlt. Er wurde daraufhin von dort weggeschickt und kam zum Berg des Altvaters Antonios. Dort blieb er einige Zeit. Dann sandte Antonios den Bruder wieder in das Koinobion zurück. Doch die Brüder jagten ihn ein zweites Mal davon. Wieder kam der Bruder zu Antonios. Er klagte: „Vater, die Brüder wollen mich nicht mehr aufnehmen." Antonios verfasste daraufhin eine Botschaft, in der es hieß: „Ein Schiff erlitt im Sturm Schiffbruch. Es verlor die Fracht und konnte nur mit Mühe das rettende Ufer erreichen. Ihr aber wollt das, was gerettet wurde, ins Meer versenken." Als die Brüder das lasen und erkannten, dass Altvater Antonios ihnen diese Botschaft geschickt hatte, nahmen sie den Bruder, der gefehlt hatte, wieder auf.

ZUM Altvater Matoe kam eines Tages ein Bruder und klagte: „Ich habe Schwierigkeiten mit meiner Zunge. Wenn ich unter Menschen bin, kann ich sie nicht im Zaum halten. Ich lobe ihre guten Werke und tadele sie, wenn es mir nötig erscheint. Was soll ich also tun?" Altvater Matoe antwortete ihm: „Wenn du deine Zunge nicht beherrschen kannst, fliehe in die Einsamkeit. Denn es ist eine Schwäche. Wer nämlich mit anderen Brüdern zusammenwohnt, darf nicht viereckig sein, sondern muss rund sein. So kann er sich allen zuwenden." Von sich selbst bekannte Matoe: „Es ist nicht die

Tugend, deretwegen ich die Einsamkeit gewählt habe, sondern die Schwäche. Nur die Starken können unter Menschen leben."

Einige Brüder kamen zum Altvater Poimen und fragten ihn: „Was sollen wir tun, wenn wir unterwegs sehen, dass einen Bruder gefehlt hat. Sollen wir ihn zurechtweisen?" Er antwortete ihnen: „Wenn ich unterwegs bin und sehe einen Bruder fehlen, dann gehe ich an ihm vorbei, ohne ihn zurechtzuweisen."

Einmal machten sich einige Brüder in der Sketis auf, um den Altvater Antonios zu besuchen. Sie bestiegen ein Schiff, um zu ihm zu gelangen. Unter den Mitreisenden war auch ein Greis, der ebenfalls zu Antonios wollte. Er war den Brüdern fremd. Unterwegs unterhielten sie sich über Worte der Schrift, über Aussprüche der Väter und auch über die Handarbeit, die sie täglich verrichteten. Der Greis schwieg und antwortete nicht. Als die Gäste schließlich am Ziel ankamen, sagte Antonios: „In dem Alten hattet ihr wohl einen angenehmen Begleiter." Und an den Greis gewandt, sprach er: „Du hast treffliche Leute bei dir." Der Greis erwiderte: „Gut sind sie in der Tat, doch ihr Gehöft hat kein Tor, das man verschließen könnte. Jedermann kann in den Stall hineingehen und den Esel losbinden." Das sagte er, weil die Brüder so geschwätzig gewesen waren und alles gesagt hatten, was ihnen gerade eingefallen war.

Altvater Arsenios erhielt eines Tages Besuch von einigen Mönchen, die ihn um seine Meinung über die Mitbrüder baten, die ein beschauliches Leben führten und die Gemeinschaft mieden. Darauf belehrte Arsenios sie: „Solange eine junge Frau verborgen im Hause ihres Vaters lebt, wird sie von vielen umworben. Hat sie aber einen Mann gefunden, so lässt das Interesse an ihr nach. Die einen loben sie zwar, andere haben keine hohe Meinung mehr von ihr und ehren sie nicht mehr wie früher, als sie noch verborgen bei ihrem Vater lebte. So ist es auch mit dem, was die Seele betrifft. Wird ihr Geheimnis an die Öffentlichkeit gezerrt, verliert es an Wert."

ERZBISCHOF Theophilos kam einmal in die Sketis. Die Brüder versammelten sich um ihn und baten Altvater Pambo, er möge zu Ehren des Gastes eine Ansprache halten und ihn damit erfreuen. Darauf erwiderte der Altvater. „Zieht er aus meinem Schweigen keinen Nutzen, wird er auch keinen Gewinn durch meine Rede haben."

ALTVATER Poimen fragte einmal den Altvater Nisteros, warum er ohne Beschwerden im Kloster lebe, niemals rede und sich in nichts einmische. Darauf antwortete Nisteros: „Als ich ins Kloster eintrat, habe ich mir gesagt: Du und der Esel, ihr seid eins. So wie der Esel geschunden wird und kein Wort sagt, auch misshandelt wird und schweigt, so musst auch du sein. Sagt nicht schon der Psalm: Wie ein Lasttier bin ich vor dir geworden, und ich bin immer mit dir?" (vgl. Ps 72,22)

EIN alter Mönch in der Sketis war zwar fleißig, was seine körperlichen Übungen betraf, jedoch nicht ausgeprägt im Denken. Eines Tages suchte er Altvater Johannes Kolobos auf und befragte ihn über die Vergesslichkeit.

Nachdem der Altvater ihm einige Ratschläge gegeben hatte, ging der Besucher in sein Kellion zurück, doch vergaß er bald, was Johannes Kolobos ihm gesagt hatte. So kam er wieder zu ihm und erhielt abermals einige Anweisungen. Kaum aber war er in sein Kellion zurückgekehrt, hatte der Mönch wieder alles vergessen. Eine Weile noch suchte er Johannes Kolobos auf, und stets wiederholte sich der gleiche Vorgang. Dann unterblieben die Besuche für eine Weile. Schließlich aber kam der Mönch noch einmal zum Altvater und sagte: „Vater, ich schämte mich, dir zu gestehen, dass ich wieder vergessen hatte, was du mir gesagt hast. Ich wollte dir nicht lästig werden, deshalb kam ich nicht mehr." Darauf erwiderte Altvater Johannes Kolobos: „Stelle einige Lichter hierher und zünde sie an." So geschah es. Darauf fragte der Altvater: „Ist etwa das Licht der ersten Kerze geringer geworden, nur weil du an ihm andere entzündet hast?" „Nein", lautete die Antwort. „Siehst du, auch ich, Johannes, habe nicht abgenommen, nur weil du des öfteren zu mir gekommen bist. Und wenn die ganze Sketis zu mir käme, würde sie mich doch nicht von der Liebe Christi abbringen. Habe also keine Bedenken, Bruder, wenn du weiterhin zu mir kommen willst." Wegen der Geduld der beiden miteinander nahm Gott dem Greis die Vergesslichkeit.

Altvater Johannes Kolobos machte sich zu einem thebaischen Greis in der Sketis auf und lebte als Einsiedler in der Wüste. Dort nahm er ein Stück Holz, pflanzte es ein und sagte: „Wässere das Holz täglich mit einem Eimer Wasser und so lange, bis es Frucht bringt." Die Quelle war jedoch so weit entfernt, dass man spätabends fortgehen musste, um am Morgen wieder in der Einsiedelei zu sein. Nach drei Jahren begann das Holz zu grünen und Früchte anzusetzen. Sie brachten eine Frucht in die Versammlung der Mönche und sagten zu den Brüdern: „Nehmt und esst. Es ist die Frucht des Gehorsams."

VIER Mönche der Sketis suchten den Altvater Pambo auf. Sie waren mit Fellen bekleidet. Ein jeder rühmte die Tugend seines Nächsten. Einer der Gefährten genoss Anerkennung wegen seines Fastens, ein anderer liebte die Armut, der dritte war wegen seiner großen Liebe bekannt, der vierte aber war seit zweiundzwanzig Jahren einem alten Mönch gehorsam. Abbas Pambo hörte sich an, was die anderen sagten, und erwiderte dann: „Ich denke, die Tugend dieses letzten Mönches ist die größte. Jeder andere von euch hat nämlich die Tugend, die er erworben hat, frei gewählt. Dieser Mönch aber hat seinen Willen abgetötet und hat sich dem Willen eines andern untergeordnet. Wenn er bis zum Ende daran festhält, darf er ein wahrer Bekenner genannt werden."

DER heilige Antonios lehrte: „Wenn jemand schnell vollkommen sein will, dann darf er nicht sein eigener Lehrmeister sein, auch nicht seinem eigenen Willen nach leben, auch dann nicht, wenn das, was er erstreben möchte, recht und gut ist. Ein jeder soll vielmehr nach dem Wort Jesu bestrebt sein, sich selbst zu verleugnen und seinem eigenen Willen zu entsagen. Denn der Herr spricht: „Ich bin nicht gekommen, meinen Willen zu tun, sondern den Willen dessen, der mich gesandt hat." Der Wille Christi aber stand niemals dem Willen seines

Vaters entgegen. Christus ist gekommen, uns Gehorsam zu lehren. Er wäre selbst ein Ungehorsamer geworden, wenn er seinem Willen gefolgt wäre. Um wieviel mehr wird man uns Ungehorsam nachsagen, wenn wir nach dem eigenen Willen leben wollten."

Einer der Brüder berichtete, wie er einmal nach Herakleos im Unterland zum Altvater Joseph gekommen war. Der Altvater besaß im Klostergarten einen prächtigen Maulbeerbaum. Er forderte seinen Besucher auf: „Geh, nimm von den Früchten und iss." Da aber Karfreitag war, befolgte der Bruder wegen des Fastens diesen Rat nicht. Er sagte vielmehr zu seinem Gastgeber: „Du sagtest, geh hin und iss. Wegen des Fastens bin ich jedoch nicht in den Garten gegangen. Doch ich muss mich schämen, weil ich deiner Weisung nicht gefolgt bin. Was also hätte ich tun sollen?" Altvater Joseph erwiderte: „Die Väter sagen am Anfang den Brüdern nicht immer das Richtige, sondern das Verkehrte, und wenn sie dann sehen, wie diese das Verkehrte tun, dann sprechen sie nicht mehr das Verkehrte, sondern die Wahrheit. Sie erkennen dann nämlich, dass sie in allem gehorsam sind."

Der heilige Basileios kam einmal ins Koinobion. Nach einer kurzen Ansprache fragte er den Vorsteher, ob er einen Bruder kenne, der sich durch besonderen Gehorsam auszeichne. Der Vorsteher antwortete: „Alle Brüder sind deine Diener und voller Eifer, das Heil zu erlangen." Basileios tat, als habe er die Antwort nicht gehört, und fragte abermals: „Hast du einen, der sich wahrhaftig durch Gehorsam auszeichnet?" Da ließ der

Vorsteher einen Mönch kommen. Basileios bestimmte ihn zu seinem Diener während des Frühstücks. Nach der Mahlzeit trug der Mönch das Waschwasser herbei. Basileios redete ihn an: „Komm zu mir, auch ich werde dir das Wasser zum Waschen reichen." Der Mönch ließ sich diesen Dienst gefallen. Darauf sprach der Heilige zu ihm: „Wenn ich in das Heiligtum trete, dann folge mir. Denn ich werde dich zum Diakon weihen." Nach der Zeremonie weihte er ihn auch zum Priester und nahm in mit an seinen Bischofssitz, weil er in allem gehorsam gewesen war.

ABBAS Serapion erhielt eines Tages Besuch von einem Bruder. Als sie zu Tische saßen, bat Serapion den Gast, ein Gebet zu sprechen. Der aber bezeichnete sich als Sünder und unwert, das Mönchsgewand zu tragen. Serapion wollte ihm die Füße waschen, aber der Bruder ließ es nicht zu und klagte sich wieder wegen seiner Sünden an. Als sie beim Essen saßen, sagte Serapion zu seinem Gast. „Wenn du Nutzen aus deinem Dasein ziehen willst, dann halte in deinem Kellion aus, achte auf dich und auf das, was du arbeitest. Denn wenn du aus dem Kellion hinausgehst, bringt es dir nicht den Nutzen wie das Ausharren und Stillsitzen." Als der Bruder das hörte, wurde er ärgerlich, und seine Gesichtsfarbe änderte sich so, dass Serapion es bemerkte. Er sagte darauf seinem Gast: „Du hast mir erzählt, dass du ein Sünder seiest, und hast dich deiner Verfehlungen angeklagt. Nachdem ich dich jedoch in Liebe ermahnt habe, bist du schier wild geworden. Wenn du demütig sein willst, dann lerne auch mannhaft zu ertragen, was andere dir raten." Als der Besucher das hörte, fiel er vor Abbas Serapion auf die Knie und schied schließlich mit großem Gewinn.

ALTVATER Silvanos hatte einen Schüler namens Markos in der Sketis, der schön schreiben konnte. Der Altvater liebte ihn, weil er außerdem sehr gehorsam war. Silvanos hatte noch elf weitere Schüler, die es ihrem Lehrer verübelten, dass er einen von ihnen bevorzugte. Als einige der erfahrenen Mönche davon hörten, kamen sie betrübt zu Silvanos, um ihm Vorwürfe zu machen. Silvanos ging mit ihnen hinaus und klopfte an ein Kellion: „Bruder", rief er, „komm heraus, ich brauche dich!" Niemand hörte auf ihn, und niemand erschien vor ihm. So kamen sie zum Kellion des Markos. Kaum hatte der Schüler die Stimme seines Lehrers gehört, erschien er und fragte nach seinem Begehr. Silvanos schicke ihn mit einem Auftrag fort. Dann sprach er zu seinen Besuchern: „Wo sind denn die übrigen Schüler, ihr Kritiker?" Darauf ging er in das Kellion hinein und betrachtete die Arbeit, mit der Markos gerade beschäftigt gewesen war. Er sah, dass sein Schüler gerade im Begriff war, ein „O" zu vollenden, dass er die Feder jedoch beiseite gelegt hatte, als er die Stimme seines Lehrers vernahm. Die Besucher sagten darauf zu Silvanos: „Du hast recht, wenn du ihn liebst, auch wir lieben ihn, und auch Gott liebt ihn."

BEI einer anderen Gelegenheit war Silvanos mit einigen Mönchen in der Sketis unterwegs. Auch diesmal wollte er sie vom Gehorsam seines Schülers Markos überzeugen und zeigen, warum er ihn vor den anderen liebte. Silvanos sah ein Wildschwein auftauchen und rief Markos zu: „Siehst du die kleine Antilope, mein Sohn?"

Markos erwiderte: „Ja, Vater!" „Und siehst du auch ihre Hörner? Sind sie nicht prächtig?" „Ja, Vater", rief Markos. Die Besucher wunderten sich über die Antworten des Schülers und lobten zugleich seinen Gehorsam.

Ein Altvater erhielt eines Tages Besuch von einem jungen Mönch. „Erweise mir die Ehre, mein Vater, und gib mir ein paar gute Ratschläge. Was soll ich in der Jugend sammeln, damit ich es im Alter besitze?" Der Altvater erwiderte: „Du hast zwei Möglichkeiten. Halte dich an Christus und denke nur an ihn, oder sammle Geld, damit du später nicht zu betteln brauchst. Denn es ist deine Entscheidung, ob du Gott zum Herrn wählst oder den Mammon."

Jüngere Mönche fragten die älteren oft um Rat, wie sie ihr Eremitenleben gestalten sollten. Einmal kam jemand zu einem Altvater und fragte, was er tun müsse, um gerettet zu werden. Der Altvater entledigte sich seiner Kleider, umgürtete seine Lenden und sprach mit ausgestreckten Armen: „Der Mönch muss so von allen weltlichen Dingen entblößt sein und sich gegen die Anfechtungen und Gefahren der Welt kreuzigen."

Ein Altvater erhielt eines Tages Geld zur Bestreitung seiner wichtigsten Ausgaben, denn er war alt und krank. Der Altvater jedoch wollte das Geld nicht und erwiderte: „Jetzt, nach sechzig Jahren kommst du, um mir meinen Nährvater zu nehmen? Ich bin ja schon lange krank und brauche nichts. Gott nährt mich und beschenkt mich." Und er wies das Geld von sich.

EINMAL besuchte Altvater Makarios der Große den Altvater Antonios auf dem Berg. Als er klopfte, kam Antonios heraus und erkundigte sich: „Wer bist du?" Makarios nannte seinen Namen. Da schloss Antonios die Tür und ließ seinen Besucher draußen stehen. Nach einer Weile bemerkte Antonios, dass Makarios immer noch vor der Tür stand. Also ging er hinaus, begrüßte ihn freundlich und ließ ihn eintreten. „Ich wollte dich schon immer einmal sehen", sagte er zu seinem Gast, „denn ich habe schon viel von dir gehört." Darauf bewirtete er ihn und bereitete ihm ein Nachtlager. Am späten Abend weichte Antonios Palmblätter ein, um Seile zu knüpfen. Makarios bat, auch für sich Palmblätter zubereiten zu dürfen. So geschah es. Beim Flechten sprachen sie über das Heil der Seelen. Das Seil reichte schließlich durch die Tür bis zur Höhle hinab. Als Antonios die Länge des Seiles sah, das Makarios geflochten hatte, sagte er: „Von diesen Händen geht viel Kraft aus!"

IN einem Kellion lebte einmal ein Altvater namens Apollo. Kam jemand, um ihn um Hilfe für irgendeine Arbeit zu bitten, so sagte er mit Freuden zu und frohlockte nach getanem Dienst: „Mit Christus habe ich heute für meine Seele gearbeitet. Das ist der Lohn für meine Seele."

EIN Bruder klagte einmal dem Abbas Pistamon, dass er Schwierigkeiten beim Verkauf seiner Handarbeit habe. Darauf antwortete Pistamon: „Auch der Altvater Sisoes sowie die übrigen Brüder veräußern ihre Handarbeit. Das ist keine Schande. Wenn du deine Arbeiten verkaufst, so nenne den Preis der Ware. Es ist deine Sache, wenn du vom Preis etwas nachlässt. So wirst du Ruhe finden." Der Bruder fragte weiter: „Wenn mein täglicher Bedarf gedeckt ist, soll ich dennoch weiterarbeiten?" Abbas Pistamon riet: „Wenn du auch keine Dinge mehr nötig hast, so unterlasse die Handarbeit dennoch nicht. Tue soviel, wie du kannst. Aber tue es ohne Hast."

Zu Abbas Lukios in Enaton kamen einmal Mönche, die man Euchiten – Beter – nannte. Lukios fragte sie, welches Handwerk sie ausübten. Sie antworteten: „Wir rühren keinen Finger, um zu arbeiten, sondern wir beten unaufhörlich, wie der Apostel sagt." Darauf fragte Abbas Lukios: „Esst ihr denn nicht?" Und sie erwiderten: „Doch, wir essen." Lukios gab sich mit dieser Antwort nicht zufrieden, sondern fragte: „Wenn ihr esst, wer betet dann inzwischen für euch?" Und er ergänzte: „Schlaft ihr nicht?" Wieder antworteten sie mit Ja. Und der Abbas fragte wiederum: „Wenn ihr also schlaft, wer betet zwischenzeitlich für euch?" Die Gäste wussten darauf keine Antwort. Darauf sagte Abbas Lukios: „Ich bitte euch um Verzeihung, aber ihr tut nicht, was ihr sagt. Ich werde euch zeigen, dass ich bei meiner Arbeit unablässig bete. Ich setze mich mit Gott nieder, ich weiche meine kleinen Palmfasern ein und flechte sie zu einem Seil. Dabei bete ich und spreche: Erbarme dich meiner, o Gott, ja, erbarme dich. Wasche ab mein Unrecht. Und immer wieder bitte ich um das Erbarmen Gottes. – Ist das kein Gebet?" fragte er sie. Und die Gäste antworten: „Gewiss." Da sagte Lukios zu ihnen: „Wenn ich den ganzen Tag mit Beten und Arbeiten verbringe, verdiene ich mehr oder weniger sechs Münzen. Zwei gebe ich als Almosen, wenn jemand an meine Tür kommt, von den übrigen kaufe ich Lebensmittel. Der die zwei Münzen bekommen hat, betet für mich während ich esse oder schlafe. Durch die Gnade Gottes bete ich auf diese Weise ohne Unterlass."

Altvater Makarios wurde einmal gefragt, wie man beten solle. Der Greis gab zur Antwort: „Es ist nicht nötig, viele Worte zu machen. Streckt vielmehr die Hände aus und sagt: Herr, wie du willst und um mich weißt: Erbarme dich! Kommt aber eine Anfechtung über euch, dann ruft: Herr, hilf! Gott weiß, was uns nützt, und zeigt uns sein Erbarmen."

Gegen einen widrigen Gedanken im Herzen wusste Abbas Evagrius diesen Rat: „Bete nicht um andere Dinge, sondern zücke dein Schwert der Tränen nur gegen den Feind, der dich jetzt bedrängt, und gehe mutig gegen ihn an."

Wer möchte, dass Gott seine Gebete schnell erhöre, dem gab Altvater Zenon diese Empfehlung mit auf den Weg: „Wenn du aufstehst und die Hände zu Gott erhebst, dann bete auch für alle, außer für deine eigene Seele aus ganzem Herzen auch für deine Feinde. Dann wird Gott dich erhören, wie immer auch die Bitte lautet."

Das Thema Beten war auch einmal der Ausgangspunkt eines Gespräches mit Altvater Agathon, als einige Brüder ihn fragten, welche Tugend wohl die größte Anstrengung erfordere. Darauf sagte er: „Ich denke, es gibt keine größere Mühe als das Beten zu Gott. Überall dort, wo der Mensch beten will, läuft er Gefahr, von den Feinden des Heils abgehalten zu werden. Sie wissen nämlich, dass ihnen von keiner Seite mehr Widerstand droht als vom Gebet zum göttlichen Herrn. Was der Mensch auch immer als Lebensweg wählt, wenn er dabei aushält, gewinnt er Ruhe. Denn das Beten ist ein Kampf bis zum letzten Atemzug."

„Alles, was du aus Rache gegen einen Bruder, der dich beleidigt hat, unternimmst, wird in der Stunde des Gebetes wieder sichtbar werden", meinte Abbas Neilos.

Abbas Neilos erkannte: „Das Gebet ist der Spross der Sanftmut und der Milde." Ein andermal erklärte er: „Das Gebet ist ein Schutzschild gegen Traurigkeit und Mutlosigkeit."

Abbas Neilos riet den Menschen, die als Mönch und Eremit leben wollten: „Wenn du deine Heimat verlässt, verkaufe alles, was du besitzt, und gib es den Armen. Nimm dein Kreuz auf dich und verleugne dich selbst, damit du ohne Ablenkung beten kannst."

Altvater Poimen wurde einmal gefragt, ob es besser sei, allein oder in Gemeinschaft zu leben. Poimen antwortete: „Wenn ein Mensch fähig ist, sich selbst zu tadeln, dann kann er überall bestehen. Wenn er sich jedoch über andere erhebt, dann hat er nirgends sein Auskommen. Er mag noch so viel Gutes getan haben, wenn er sich dessen rühmt, wird er alles verlieren."

EINER von den Vätern fragte den Altvater Nisteros, den Großen, welches gute Werk er tun solle. Er erhielt die Antwort: „Sind nicht alle guten Werke gleich? Abraham war gastfreundlich – und Gott war mit ihm. Elias liebte die Herzensruhe – und Gott war mit ihm. David war demütig – und Gott war mit ihm. Wenn du erkennst, was deine Seele im Einklang mit Gott tun will, das tue. So wirst du dein Herz bewahren."

ALTVATER Johannes Kolobos erhielt eines Tages Besuch von einem Greis. Doch der Besucher traf den Altvater schlafend an. Er sah, dass neben dem Schlafenden ein Engel stand und ihm Kühlung zufächelte. Als der Gast dies sah, zog er sich schweigend zurück. Als Johannes Kolobos später erwachte, fragte er seinen Schüler, ob jemand da gewesen sei und erhielt die Antwort, ein Greis sei gekommen. Da erkannte der Altvater, dass der Besucher ihm ebenbürtig war, weil er den Engel gesehen hatte.

EIN Besucher kam zum Altvater Arsenios und klagte. „Ich quäle mich in meinen Gedanken, weil ich mir sage: Du kannst nicht fasten und nicht arbeiten, so besuche doch wenigstens die Kranken. Denn auch das ist Liebe." Der Altvater ahnte die Versuchungen, denen der Besucher ausgesetzt war, und erwiderte. „Geh! Iss, trinke, schlafe und arbeite nicht. Aber verlass dein Kellion nicht." Arsenios wusste nämlich, dass das Ausharren im Kellion den Mönch in seine rechte Lebensordnung bringt.

Ein Bruder kam zum Altvater Poimen und sagte: „Wohin ich auch gehen mag, überall finde ich eine Gelegenheit zur Sünde." Der Alte antwortete: „Die das Schwert in den Händen haben, derer erbarmt sich Gott in jedweder Lage. Sind wir also tapfer, so erfahren wir sein Erbarmen." Mit dem Schwert meinte er nämlich die Tapferkeit, um gegen die Gelegenheit zur Sünde anzukämpfen. Einmal sagte Altvater Poimen: „Werde ein Schwert!"

Abbas Poimen wurde einmal gefragt, auf wen das Wort der Heiligen Schrift zutreffe: „Sorget euch nicht um das Morgen." Er erwiderte: „Das ist einem Menschen zugesprochen, der versucht wird und voller Sorge ist und sich fragt: Wie lange muss ich diese Anfechtung noch ertragen? Doch sollte er lieber nachdenken und sich immer wieder sagen: heute!"

Ein alter Eremit wurde zehn Jahre in seinen Gedanken gequält, so dass er der Verzweiflung nahe war. Eines Tages sagte er sich: Ich habe meine Seele schon verloren. Also will ich in die Welt zurückkehren, der ich einst entflohen bin. So machte er sich auf und ging fort. Unterwegs hörte er eine Stimme, die zu ihm sprach: Zehn Jahre hast du gekämpft, und diese zehn Jahre werden einst dein Ruhm sein. Kehre an den Ort, an dem du gelebt hast, zurück, und du wirst von den schlechten Gedanken befreit werden. Der Eremit machte sich auf und kehrte in seine Klause zurück. Böser Gedanken wegen soll man also nicht verzweifeln …

Ein Bruder hatte einmal eine Gotteslästerung begangen, doch schämte er sich, sie zu bekennen. Er wollte sich den Altvätern anvertrauen, doch jedes Mal, wenn er zu ihnen ging, brachte er es nicht übers Herz, seine Verfehlung zu gestehen. Der Bruder kam auch des öfteren zu Altvater Poimen. Poimen hatte Mitleid mit ihm, weil er sich nicht aussprechen konnte. Eines Tages aber sagte er: „Nun quälst du dich schon so lange und kannst deine Gedanken nicht aussprechen, und jedes Mal gehst du betrübt nach Hause. Also, jetzt sage mir doch, was mit dir los ist." Da redete der Bruder von den gotteslästerlichen Gedanken, die ihm der Böse eingab, und er fühlte sich endlich befreit. Altvater Poimen gab ihm noch einen Rat mit auf den Weg: „Sorge dich nicht, mein Sohn! Wenn der böse Gedanke dich anficht, denke: Damit habe ich nichts zu schaffen, deine Lästerung komme über dich, Satan! Denn meine Seele will damit nichts zu tun haben. Und jede Sache, die die Seele nicht will, ist nur von kurzer Dauer." Der Bruder ging schließlich getröstet und befreit davon.

„Was soll ich tun, wenn mich viele Gedanken beunruhigen, denen ich mich nicht entziehen kann?", fragte ein Bruder einen erfahrenen Mönch. Dieser antwortete: „Bekämpfe nicht alle Gedanken zugleich, sondern der Reihe nach. Denn alle Gedanken der Mönche haben einen Kopf. Es ist deine Aufgabe, herauszufinden, worin er besteht und welcher Art er ist. Dann kannst du ihm widerstehen. So werden auch die anderen Gedanken gezüchtigt."

ALTVATER Ammonas wurde einmal gefragt, was der enge und beschwerliche Weg sei. Darauf antwortete der Altvater: „Wenn man seinen Gedanken Gewalt antut und den eigenen Willen aus Liebe zu Gott unterdrückt. Das ist der enge und beschwerliche Weg. So erfüllt sich auch der Sinn des Wortes: Wir haben alles verlassen und sind dir nachgefolgt."

Es kam einmal ein Priester der Heiden zum Altvater Olympos und übernachtete in seinem Kellion. Er beobachtete das Leben der Mönche und fragte dann seinen Gastgeber: „Wenn ihr so lebt, seht ihr dann etwas von eurem Gott?" Olympos antwortete: „Nein." Der Heidenpriester entgegnete darauf: „Wenn wir vor Gott unseren heiligen Dienst verrichten, dann verbirgt er nichts vor uns, sondern er offenbart uns seine Geheimnisse. Und dabei nehmt ihr so viele Mühen auf euch: Ihr haltet Nachtwachen, pflegt die Herzensruhe und die Askese, und dann sagst du: Wir sehen nichts! Sicher habt ihr, wenn ihr nichts seht, schlechte Gedanken in euren Herzen, die euch von Gott trennen. Vielleicht werden euch deshalb auch seine Geheimnisse nicht offenbart." – Es ist so, dass die unreinen Gedanken Gott vom Menschen trennen.

Als Altvater Zeno einmal durch Palästina wanderte und müde war, setzte er sich an den Rand eines Gurkenfeldes, um zu essen. Da kam ihm der Gedanke: „Nimm dir eine Gurke und iss. Was ist schon eine Gurke." Altvater Zeno wehrte sich gegen diesen Gedanken und sagte: „Die Diebe empfangen ihre gerechte Strafe. Prüfe dich an dieser Stelle, ob du die Strafe ertragen kannst." Darauf erhob er sich und setzte sich fünf Tage der Hitze aus. Als er schon ganz ausgelaugt war, sprach er zu sich: „Du kannst die Strafe nicht aushalten." Und zu seinen Gedanken sagte er: „Wenn du es nicht kannst, dann stiehl und iss nicht."

ALTVATER Gelasios wurde oft von dem Gedanken heimgesucht, sich in die Wüste zurückzuziehen. Eines Tages sagte er zu seinem Schüler: „Ich bitte dich um den Gefallen, Bruder, alles zu ertragen, was ich auch immer tue. Sprich die ganze Woche nicht mit mir." Darauf ergriff er seinen Palmstab und schickte sich an, im Hof umherzugehen. Wurde er müde, so nahm er für eine Weile Platz. Danach erhob er sich wieder und setzte die Wanderung bis zum Abend fort. Darauf sprach er zu sich: „Wer sich in der Wüste aufhält, hat kein Brot als Speise, sondern nur Gras. Ich in meiner Schwäche esse jedoch ein wenig Kleingemüse." So tat er. Darauf sagte er zu sich: „Wer in der Wüste unterwegs ist, schläft nicht unter einem Dach, sondern unter freiem Himmel. Tu du es auch." Er legte sich im Hof nieder. Diesen Vorgang wiederholte er noch zweimal: Er wanderte im Klosterbereich herum, aß am Abend ein paar Salatblätter und verbrachte die Nächte im Freien. Schließlich war er sehr erschöpft. Da ging er mit dem Gedanken, der ihn verleitet hatte, in die Wüste zurückzukehren, streng ins Gericht und schalt ihn: „Wenn du die Werke der Wüste nicht erfüllen kannst, dann übe Geduld, bleib in deinem Kellion, beweine deine Sünden und treib dich nicht herum. Denn Gottes Auge sieht überall die Werke der Menschen. Nichts ist ihm verborgen, und es erkennt, die Gutes tun."

Von Abbas Poimen ist eine Lebensgewohnheit von Abbas Paphnutios überliefert, der in früheren Zeiten zweimal im Monat zu den Wohnungen der Altväter ging, jeweils zwölf Meilen, und ihnen sein Denken offenbarte. Sie sagten nichts anderes als diese Worte: „Wohin du auch immer gelangst, vergleiche dich nicht mit anderen, so wirst du Ruhe finden."

Abbas Poimen setzte sich, bevor er in eine gottesdienstliche Versammlung zu seinen Mitbrüdern ging, etwa für eine Stunde abseits und prüfte seine Gedanken. Dann erst erhob er sich und suchte seine Brüder auf.

Nicht allen Eremiten fiel es leicht, über ihre Gedanken mit anderen zu sprechen. So klagte sich auch einmal ein Bruder bei Altvater Poimen dieser Unfähigkeit an. Altvater Poimen sagte: „Von Johannes Kolobos ist der Ausspruch überliefert: Über niemanden freut sich der Teufel mehr als über jene, die ihre Gedanken nicht offenbaren."

Ein Bruder holte sich beim Altvater Poimen Rat, weil lästige Gedanken ihn vom Streben nach Vollkommenheit abhielten. Altvater Poimen sagte: „Der Zustand ist mit einem Mann vergleichbar, der in der linken Hand ein Feuer trägt und in der rechten einen Wasserkrug. Wenn das Feuer zu mächtig wird, so löscht er es mit dem Wasser aus dem Krug. Das Feuer ist der Same des Feindes, das Wasser verdeutlicht das Sich-Niederwerfen vor Gott."

Einmal verwandelte sich der Teufel in die Gestalt eines Engels und erschien einem Bruder. „Ich bin der Engel Gabriel", erklärte er, „und zu dir gesandt." Der Bruder

erwiderte: „Vielleicht hast du dich geirrt und bist zu einem anderen geschickt worden, denn ich bin nicht würdig." Darauf verschwand der Teufel.

DEMUT war eine der größten Forderungen der Wüstenväter. Die Altväter sagten: „Auch wenn dir in Wahrheit ein Engel erschiene, so nimm ihn nicht ohne weiteres auf, sondern sagte in Demut: Ich bin nicht würdig, einen Engel zu schauen, weil ich ein sündiger Mensch bin."

EIN erfahrener Mönch wurde einmal gefragt, wieso einige Brüder behaupten könnten, sie hätten Engel gesehen. Darauf erwiderte er: „Selig ist der, der seine Sünden sieht."

EIN Mönch saß in seinem Kellion und sah sich von dunklen Mächten bedrängt. Doch er widerstand allen Versuchungen. Als der Teufel merkte, dass er besiegt worden war, zeigte er sich dem Mönch und sagte: „Ich bin Christus! Warum hast du deine Augen vor mir verschlossen?" Der Mönch erwiderte: „Ich will Christus in diesem Leben nicht sehen, sondern im ewigen." Da zog sich der Dämon zurück.

EINES Tages kam ein Bruder zu Abbas Joseph und klagte: „Was soll ich tun? Ich ertrage kein Übel, kann nicht arbeiten und auch keine Liebe geben." Da sagte Abbas Joseph: „Wenn du von alldem nichts fertigbringst, dann schütze dein Gewissen vor jeder Sünde gegen deine Schwestern und Brüdern. So wirst du das Heil erlangen."

Ein Altvater riet seinem Bruder, er möge sich alle Tage seinen Tod vergegenwärtigen und an nichts Irdisches mehr denken, so als läge er bereits lange in seinem Grabe. Die Gottesfurcht aber sei sein ständiger Begleiter. Auch solle er sich für geringer halten als alle Menschen. Über andere solle er niemals schlecht reden, denn Gott wisse alles. Und er fügte hinzu: Lebe vielmehr mit allen in Frieden, dann schenkt dir Gott die Herzensruhe, die du benötigst.

Zum Altvater Makarios, dem Ägypter, kam eines Tages ein Bruder und bat um einen Rat, wie er das Heil erlangen könne. Makarios schickte den Besucher zu einem Grabmal und sagte: „Verhöhne die Toten!" So geschah es. Als er zurückkam, fragte der Altvater: „Nun, haben sie nichts gesagt?" Der Bruder antwortete: „Nein." Da gab ihm Makarios den Rat: „Geh morgen wieder zum Grabmal und lobe die Toten." Der Bruder ging hin und nannte die Toten Apostel, Heilige und Gerechte. Und er kehrte zurück und sagte. „Ich habe sie gelobt." Und wieder fragte Makarios: „Haben sie nicht geantwortet?" Und der Bruder sagte: „Nein." „Siehst du", sagte Makarios, „du hast die Toten geschmäht – und sie antworteten nicht. Du hast sie gelobt – und sie haben nichts erwidert. So musst auch du sein, wenn du das Heil erstrebst. Werde wie ein Leichnam, beachte weder das Unrecht, das Menschen dir antun, noch ihr Lob – so wie die Toten. So wirst du gerettet werden."

„Ich sehe wohl eine Aufgabe vor mir, kann sie aber nicht erfüllen", sagte einmal ein Bruder zum Altvater Moses. Darauf erwiderte dieser: „Wenn du nicht ein Leichnam wirst wie die, die begraben sind, kannst du die Aufgabe nicht meistern."

Der Bruder des Altvaters Poimen hieß Paesios. Er hatte einmal einen kleinen Streit mit einem Bruder außerhalb des Kellions. Poimen litt unter dieser Zwistigkeit, und so machte er sich auf zum Altvater Ammonas. Er erzählte ihm: „Paesios, mein Bruder, hat eine Auseinandersetzung mit einem anderen, das lässt mich nicht zur Ruhe kommen." Abbas Ammonas antwortete: „Poimen, du lebst noch. Geh, setze dich in dein Kellion und sage deinem Herzen: Du bis schon ein Jahr im Grab."

Altvater Poimen zog einen Vergleich: „Wenn drei zusammenwohnen, von denen einer die Herzensruhe bewahrt, der andere krank ist, dafür aber dankt, und der dritte in reiner Gesinnung dient, so vollenden alle drei das gleiche Werk."

Ein andermal sprach Altvater Poimen über Abbas Kopris und sagte. „Er erreichte ein solches Maß der Hingabe und Vollendung, dass er, als er krank und bettlägerig war, Dank sagte und seinen eigenen Willen untergrub."

Altvater Joseph von Theben sprach von drei Dingen, die Gott gefallen: Erstens: Wenn der Mensch krank wird und ihm Fragen und Zweifel kommen, soll er sie mit Dank annehmen. Er soll zweitens alle seine Werke rein vor Gott verrichten, ohne menschliche Hilfe in Anspruch zu nehmen. Drittens: Man soll sich seinem geistlichen Vater unterordnen und dem eigenen Willen entsagen. – Altvater Joseph selbst hatte sich die Krankheit als Prüfung gewählt.

EIN Altvater riet: „Stößt dir eine körperliche Krankheit zu, so werde nicht kleinmütig. Gott will, dass dein Körper schwach wird. Wer bist du, dass du darauf unwillig reagierst? Wird Gott nicht in allem für dich sorgen? Lebst du denn aus dir selbst? Trage dein Schicksal also geduldig und bitte Gott, er möchte dir geben, was du brauchst, nämlich auch zu tun, was sein Wille ist. Verharre in Geduld und genieße in Liebe, was du besitzt."

ALS Altvater Arsenios zum Sterben kam, gerieten seine Schüler in Unruhe. Doch er sprach zu ihnen: „Noch ist meine Stunde nicht gekommen. Wenn sie sich naht, werde ich es euch sagen." Als der Tod jedoch nahe war, bemerkten die Schüler, dass Arsenios weinte. Und sie fragten ihn: „Vater, auch du fürchtest dich vor dem Tod?" Er antwortete: „Ja, die Furcht hat von mir Besitz ergriffen. Furcht ist in mir, seit ich Mönch geworden bin." Dann hauchte er seine Seele aus.

Es waren einmal drei Brüder, die sich verpflichtet hatten, ein Feld von sechzig Maß abzuernten. Einer der Brüder wurde jedoch schon am ersten Tag krank und musste in sein Kellion zurückkehren. Die beiden anderen setzten ihr Tagwerk fort und sagten zueinander: „Wir müssen uns nun besonders anstrengen, um die Ernte einzubringen. Doch das Gebet unseres Bruders wird uns begleiten, so dass wir unser Ziel erreichen." Als die beiden schließlich den ganzen Acker abgeräumt hatten, holten sie den dritten Bruder herbei und sprachen: „Komm, Bruder, empfange mit uns deinen Lohn." „Welchen Lohn soll ich denn bekommen", erwiderte der Bruder, „da ich doch nicht gearbeitet habe?" Die Mitbrüder aber sagten: „Dank deines Gebetes haben wir die Ernte in der vorgegebenen Zeit einfahren können. Komm, gehe mit uns, empfange deinen Lohn." Nun aber entstand ein großer Streit, weil der eine ihnen nicht folgen, die anderen aber ohne ihn nicht gehen wollten. Sie trugen ihren Streit schließlich vor einem Altvater aus. Der Bruder, der krank gewesen war, rechtfertigte sich: „Siehe, Vater, wir wollten gemeinsam ein großes Feld abernten. Doch bereits am ersten Tag befiel mich eine Krankheit, ich kehrte in mein Kellion zurück und konnte den Mitbrüdern nicht helfen. Sie aber zwingen mich nun, meinen Lohn zu empfangen. Ich habe doch nicht einen Tag gearbeitet." Die beiden anderen Brüder sagten: „Wir sind zu dritt ausgezogen, um ein Feld von dreißig Tagwerken abzuernten. Selbst wenn unser Bruder nicht krank geworden wäre, hätten wir uns zu dritt sehr anstrengen müssen, um die Arbeit zu bewältigen. Das Gebet unseres Bruders hat uns beflügelt, und wir konnten den ganzen Acker in der Zeit bewältigen, die wir sonst zu dritt gebraucht hätten. Deshalb steht ihm sein Lohn zu." Der Altvater staunte über die Schilderung der Brüder. Er ließ die Mönche zusammenkommen und erklärte ihnen den Sachverhalt. Dann sagte er: „Hört auf ein gerechtes Urteil!" Und er verurteilte den dritten Mönch, seinen Lohn im Empfang zu nehmen. Dieser aber ging traurig und weinend davon, als ob ihm ein großes Unrecht zuteil geworden wäre.

ALS Altvater Sisoes sein Ende nahen fühlte, versammelte er die Brüder um sich. Sein Angesicht leuchtete wie die Sonne. Er sah schon in die andere Welt und sagte: „Vater Antonios ist gekommen." Nach einer Weile ergänzte er: „Seht, jetzt ist der Chor der Propheten gekommen." Sein Gesicht leuchtete weiter wie die Sonne. Schließlich verkündete er: „Schaut, die Schar der Apostel ist erschienen." Und immer heller strahlte sein Antlitz auf, und es hatte den Anschein, als ob er mit jemandem spräche. Da fragten die Brüder: „Vater, mit wem redest du gerade?" Er aber antwortete: „Seht, die Engel sind gekommen, mich in die Ewigkeit mitzunehmen, aber ich habe sie gebeten, mich noch eine Weile Buße tun zu lassen." „Du hast doch nicht mehr nötig, Buße zu tun", erwiderten die Brüder. Doch Abbas Sisoes erwiderte: „Ich wüsste nicht, dass ich den Anfang dazu gemacht hätte." Die Brüder erkannten, dass ihr Altvater vollkommen war, und wieder wurde sein Antlitz erleuchtet wie die Sonne. Sisoes sprach zu ihnen: „Seht, meine Lieben, nun ist der Herr gekommen. Er hat gesagt: ‚Bringt mir das ausgewählte Gefäß der Wüste.'" Und alsbald verschied Sisoes. Das Haus aber war gleich darauf von Wohlgeruch erfüllt.

ALS Abbas Pambo im Sterben lag, sagte er zu den Menschen, die um ihn herumstanden: „Seit ich an diese Stelle in der Wüste gekommen bin und mir mein Kellion erbaut habe, erinnere ich mich nicht, Brot gegessen zu haben, das ich nicht durch meiner Hände Arbeit verdient hätte. Ich empfinde auch keine Reue über ein Wort, das ich bis zu dieser Stunde gesprochen habe. Und dennoch erscheine ich vor Gott wie jemand, der nicht einmal begonnen hat, ihm zu dienen."

Als Altvater Joseph in Panepho sein Ende nahen fühlte, saßen die Alten um ihn herum, um ihm beizustehen. Joseph schaute zur Tür und bemerkte den Teufel, der auf der Schwelle saß. Darauf sagte er zu seinem Schüler: „Bring mir meinen Stab. Denn der Böse meint, weil ich alt geworden sei, könne ich nichts mehr gegen ihn ausrichten." Joseph hielt den Stab in die Höhe, und der Teufel verschwand wie ein Hund, der sich durch die Tür zwängt.

Abbas Matoe erkannte in hohen Jahren: „Als ich jung war, sagte ich zu mir: Vielleicht wird dir ein gutes Werk gelingen. Jetzt jedoch, da ich alt geworden bin, sehe ich, dass ich auch nicht ein gutes Werk in mir habe."

Bevor Altvater Benjamin seinen letzten Atemzug tat, sagte er zu seinen Schülern: „Freut euch allzeit, betet ohne Unterlass und sagt in allem Dank. Dann werden ihr das Heil finden."

Altvater Agathon war immer bestrebt, die Gebote Gottes zu halten und anderen zur Hand zu gehen. Bestieg er als erster ein Schiff, so setzte er sich sogleich auf die Ruderbank, kamen Brüder zu Besuch, so tischte er ihnen nach dem Gebet als erster auf. Als er zum Sterben kam, sahen die Brüder ihn drei Tage mit offenem Auge verharren, auch bewegte er sich nicht. Da zupften die Brüder ihn am Ärmel und fragten: „Vater Agathon, wo bist du?" Er erwiderte: „Still, ich stehe vor dem Richterstuhl Gottes." Und sie fragten weiter. „Vater, fürchtest du dich?" Agathon erwiderte: „Ich habe bisher alle meine Kraft eingesetzt, um die Gebote Gottes zu hal-

ten. Aber ich bin auch nur ein Mensch. Woher soll ich wissen, ob mein Wirken Gott gefallen hat?" Da fragten ihn die Brüder: „Hast du denn kein Vertrauen, dass das Werk, das du vollbracht hast, im Sinne Gottes war?" Der Altvater entgegnete: „Ich bin erst dann beruhigt, wenn ich Gott gegenüberstehe. Denn das Gericht Gottes ist anders als das Gericht des Menschen." Die Brüder wollten noch etwas fragen, doch Agathon bedeutete ihnen zu schweigen, denn er sei beschäftigt. Nach einer Weile sahen die Umstehenden, dass Agathon sich aufrichtete, wie wenn jemand seine Freunde begrüßt. Er war zeit seines Lebens wachsam und pflegte zu sagen: „Ohne große Wachsamkeit macht der Mensch auch nicht in einer Tugend Fortschritte."

ALTVATER Moses fragte den sterbenden Altvater Zacharias: „Was siehst du?" Dieser antwortete: „Vater, ist es nicht besser zu schweigen?" „Ja, schweige", erwiderte Altvater Moses. In der Todesstande saß Altvater Isidor bei ihm. Er blickte zum Himmel auf und sagte: „Freue dich, Zacharias, denn dir sind die Pforten des himmlischen Königreiches aufgetan."

DEM Altvater Antonios wurde berichtet, dass ein junger Mönch einigen Altvätern, die auf der Wanderung ermüdet waren, auf wundersame Weise geholfen habe. Er habe nämlich unterwegs Wildeseln befohlen, die ermatteten Männer zu tragen, bis sie ihr Ziel – nämlich den Altvater Antonios – erreicht hätten. Altvater Antonios hörte sich den Bericht an, dann sagte er: „Mir scheint, dieser junge Mann ist wie ein Schiff, das voller Waren ist. Doch weiß ich nicht, ob es den Hafen sicher erreichen wird." Plötzlich fing Antonios zu weinen an. Er raufte sich die Haare und jammerte vor sich hin. Die Schüler fragten ihn, warum er weine, und Antonios antwortete ihnen mit Blick auf den jungen Mönch: „Eine große Säule der Kirche ist eben umgefallen. Doch geht selbst und schaut, was geschehen ist." Die Schüler gingen zu dem jungen Mann und fanden ihn weinend auf seiner Matte sitzen. Er beweinte seine Sünde, die er getan hatte. Er sagte zu seinen Besuchern: „Geht zum Altvater Antonios und bittet ihn, er möge Gott anrufen, dass ich noch wenigstens zehn Tage lebe. Dann hoffe ich, Rechtfertigung zu finden." Der Mönch starb innerhalb der nächsten fünf Tage.

IMMER wieder kamen Brüder zum Altvater Antonius und baten ihn: „Sag uns ein Wort, Vater, damit wir das Heil finden." Antonios riet ihnen: „Achtet auf die Heilige Schrift und befolgt sie, das ist gut für euch." Doch die Brüder forderten den Alten auf: „Auch von dir möchten wir ein Wort hören, Vater." Da sagte Antonios: „Haltet euch an das Wort aus dem Evangelium: Wenn dich einer auf die rechte Wange schlägt, dann halte ihm auch die andere hin. Darauf erwiderten sie: „Das, Vater, können wir nicht!" Darauf sagte Antonios zu ihnen. „Wenn ihr die linke Wange nicht darbieten könnt, dann haltet wenigstens die rechte hin." Und sie antworteten: „Auch das können wir nicht." Antonios sagte: „Wenn ihr nicht einmal in der Lage seid, das zu können, dann vergeltet auch nicht, was ihr erlitten habt." Die Brüder entgegneten: „Auch das können wir nicht." Antonius rief einen seiner Schüler herbei und befahl ihm: „Bereite ein wenig Brei zu, und gib ihn den Brüdern, denn sie sind schwach. Wenn ihr das eine nicht vermögt und das andere nicht wollt, was kann ich dann für euch tun? Hier hilft nur beten!"

EINMAL wurde ein Bruder im Koinobion fälschlicherweise der Buhlerei angeklagt. In seiner Not ging er zum Altvater Antonios, um ihn um Hilfe zu bitten. Die Brüder aus dem Koinobion folgten ihm zu Antonios. Dort klagten sie ihn an. Zufällig war dort der Altvater Paphnutios anwesend. Er erfuhr von der Anklage und legte den Brüdern folgendes Gleichnis vor: „Ich sah einmal am Ufer des Stromes einen Menschen, der bis zu den Knien im Schlamm steckte und sich aus eigener Kraft wohl nicht befreien konnte. Es kamen einige Leute, um ihm die Hand zu reichen. Anstatt ihn jedoch an Land zu ziehen, stießen sie ihn bis zum Hals ins Wasser." Altvater Antonios wies auf Altvater Paphnutios: „Seht, das ist ein wahrer Mensch, der Seelen heilen und retten kann." Als Antonios das gesagt hatte, gingen die Brüder in sich und warfen sich dem Angeklagten zu Füßen. Darauf nahmen sie ihn mit Segenswünschen der Altväter wieder ins Koinobion auf.

EINMAL suchte Altvater Antonios den Altvater Ammun auf dem Berg Nitria auf. Als sie beisammensaßen, sagte Ammun: „Antonios, deine Gebete haben dazu beigetragen, dass sich die Zahl unserer Brüder vermehrt hat. Nun wünschen jedoch einige von ihnen, ihre Zellen weit von den anderen zu errichten, damit sie in Ruhe leben können. Was meinst du, wie groß soll nach deiner Anordnung der Abstand dieser Kellien von diesem Ort hier sein?" Antonios entgegnete ihm: „Lasst uns um die neunte Stunde essen. Dann gehen wir hinaus in die Wüste und sehen uns um." So geschah es. Sie durchstreiften die Wüste bis zum Sonnenuntergang. Dann sagte Altvater Antonios: „Wir sprechen hier ein Gebet und errichten dann ein Kreuz. Die Mönche, die eine Niederlassung wünschen, können hierbleiben. Wenn andere Mönche sie hier besuchen wollen, dann können sie nach einem kleinen Imbiss zur neunten Stunde hierherkommen. Diejenigen, die von hier aus weggehen wollen, können das Gleiche tun. So kann jeder für sich leben, ohne abgelenkt oder zerstreut zu werden, und sie können sich doch gegenseitig besuchen. Der Abstand voneinander beträgt zwölf Meilen."

EINMAL wurden – so berichteten die Alten – in der Sketis einige wenige Feigen gestiftet. Da es jedoch nur wenige waren und sich die Verteilung nicht lohnte, gaben sie dem Altvater Arsenios nichts davon, damit er wegen der geringen Gabe nicht beleidigt sei. Doch Arsenios erfuhr davon und blieb der Versammlung fern mit der Begründung: „Ihr habt mich von der Verteilung der Liebesgabe ausgeschlossen, die Gott uns Brüdern gesandt hat. Recht habt ihr, denn ich war nicht würdig, sie zu empfangen." Als die Brüder das hörten, wurden sie ergriffen von der Demut des Greises. Da ging einer hinaus, brachte Arsenios die Feigen und kehrte mit ihm voller Freude in die Versammlung zurück.

EIN Schüler des Altvaters Arsenios hieß Daniel. Dieser wurde einmal Zeuge, wie der Altvater Alexander von einer Krankheit niedergeworfen wurde und große Schmerzen litt. Sein Blick war jedoch nach oben gerichtet. Noch während der Krankheit kam der selige Vater Arsenios zu ihm, um mit ihm zu reden. Als er Altvater Alexander so ausgestreckt auf seinem Krankenlager sah, fragte er: „Wer war denn der Weltmann, den ich hier sah?" Altvater Alexander erwiderte: „Welchen Weltmann? Wo hast du ihn denn gesehen?" Alexander antwortete: „Als ich vom Berg herabkam und auf die Höhle schaute, sah ich ihn ausgestreckt mit dem Blick nach oben liegen." Da warf sich Alexander ihm zu Füßen und bat: „Verzeih mir, ich war es. Denn ich litt große Schmerzen." Da sagte der selige Altvater Arsenios zu ihm: „Du also warst es? In Ordnung. Ich glaubte, es sei ein Weltmann, und darum habe ich dich gefragt."

Altvater Arsenios lud Altvater Alexander einmal zum Essen ein. „Wenn du deine Palmzweige abgeschnitten hast, dann komm zu mir. Hast du aber Gäste, dann iss mit ihnen." Altvater Alexander arbeitete langsam, aber regelmäßig und gewissenhaft. Als nun die Stunde kam, wo er zum Essen hätte aufbrechen müssen, lag noch immer ein Berg Zweige vor ihm. Da wagte er nicht, der Einladung Folge zu leisten, sondern entschied sich, erst die Arbeit zu vollenden. Altvater Arsenios wartete also vergeblich und nahm sein Mahl allein ein in der Meinung, dass Alexander Gäste habe und deshalb nicht komme. Spätabends erschien Altvater Alexander schließlich bei Altvater Arsenios. „Hast du Gäste bewirtet?" fragte Arsenios. Alexander verneinte. „Warum bist du dann nicht gekommen?" Alexander antwortete: „Sagtest du nicht: Wenn du deine Palmzweige abgeschnitten hast, dann komm? Ich habe mich an dein Wort gehalten und bin nicht gekommen, weil ich erst jetzt fertiggeworden bin." Da staunte Altvater Arsenios über das Wort seines Freundes und seine Gewissenhaftigkeit und riet: „Du musst schneller ein Ende finden mit deiner Arbeit, damit du auch zum Gottesdienst kommst. Doch gönne dir auch Wasser. Ohne Wasser wird dein Körper rasch versagen."

ALTVATER Daniel erzählte einmal: Einige Brüder gingen in die Thebais, um Netze zu kaufen. Bei dieser Gelegenheit wollten sie auch den Altvater Arsenios sehen. Abbas Alexander berichtete Altvater Arsenios: „Aus Alexandrien sind Brüder gekommen, die dich sehen wollen." „Erkundige dich, warum sie gekommen sind", forderte Arsenios Alexander auf. Als er jedoch erfuhr, dass sie in erster Linie der Netze wegen in die Thebais gekommen waren, sagte Arsenios: „Sie werden das Antlitz des Arsenios nicht erblicken, weil sie nicht meinetwegen erschienen sind, sondern ihrer Geschäfte wegen. Gib ihnen eine Stärkung und lass sie in Frieden ziehen. Und sage ihnen: Der Alte kann euch nicht empfangen."

EINMAL kam ein Bruder in das Kellion des Altvaters Arsenios in der Sketis. Als er zur Tür hereinschaute, erblickte er den Altvater wie von Feuer umhüllt. Denn der Bruder war würdig, auch geheime Dinge zu sehen. Als der Bruder nun klopfte, kam der Greis heraus und sah das Erstaunen im Gesicht des Besuchers. Und Arsenios fragte. „Klopfst du schon lange? Du hast hier doch nichts gesehen?" „Nein", erwiderte der Bruder. Da sprachen beide miteinander, und Altvater Arsenios entließ seinen Gast.

MAN erzählte von Altvater Arsenios: Spät am Sabbat, am Vorabend des Herrentages, ließ er die Sonne im Rücken untergehen. Er streckte die Hände zum Himmel und betete. Und er setzte sich erst, wenn ihm die Sonne wieder ins Gesicht schien.

ALTVATER Arsenios erzählte einmal eine Geschichte – sie handelte zweifellos von ihm selbst: Danach saß ein Greis einmal in seinem Kellion, als er eine Stimme hörte, die zu ihm sprach: „Komm, ich werde dir die Werke der Menschen zeigen!" So gelangte er an einen Ort, an dem ein Äthiopier Holz spaltete. Inzwischen hatte er einen großen Haufen beisammen. Er versuchte ihn aufzuheben, doch gelang es ihm nicht. Statt nun Stücke von dem Holz wegzunehmen, spaltete er noch mehr Holz und warf es auf einen Haufen. So tat er längere Zeit. Die Stimme entführte den Greis an einen Teich, an dem ein Mann stand und Wasser in eine durchlöcherte Zisterne schöpfte. Das Wasser floss jedoch immer wieder in den Teich zurück. Die Stimme sagte: „Ich werde dir noch etwas andere zeigen." Sodann sah der Greis einen Tempel und zwei Männer zu Pferde. Sie transportieren einen Balken, aber nicht längs, sondern quer. Als sie nun zum Tempeltor hineinwollten, gelang es ihnen nicht, weil der Balken querlag. Keiner von beiden wollte sich herablassen, hintereinander zu gehen und den Balken längs zu nehmen. So kamen sie nicht in den Tempel. Die Deutung der geschauten Beispiele ist diese: Die Träger verkörpern die, die das Joch der Gerechtigkeit mit Überheblichkeit tragen. Sie konnten sich nicht darauf verständigen, sich in der richtigen Richtung zu bewegen und auf dem demütigen Weg Christi zu gehen. Daher blieben sie außerhalb des Reiches Gottes. Der Holzspalter kann nicht bereuen. Er fügt seinen Sünden noch andere Gesetzeswidrigkeiten hinzu und kommt nicht ans Ziel. Der Wasserschöpfer verkörpert einen Mann, der zwar gute Werke tut, aber ohne Sinn und Überlegung, so dass er mitsamt seinen Werken dem Verderben ausgeliefert ist. Daraus soll man lernen: Jeder Mensch muss in seinen Werken besonnen sein, damit er sich nicht vergeblich müht.

Aus Alexandrien kamen einige Brüder, die den Altvater Arsenios in Petra Troe besuchen wollten. Einer von ihnen war ein Oheim des alten Timotheus, des Erzbischofs von Alexandrien, den man „den Armen" nannte. Er kam in Begleitung eines Neffen. Arsenios fühlte sich damals nicht wohl und scheute das Zusammentreffen. Denn er meinte, wenn diese Gäste kämen, würden ihnen andere folgen, und es würde ihm schwerfallen, sie bei sich aufzunehmen. Die Besucher machten sich enttäuscht auf den Heimweg. Zu allem Unglück aber fielen Feinde ins Land, doch Altvater Arsenios blieb im Oberland zurück. Als die Väter aus Alexandrien das hörten, kehrten sie um, um sich mit ihm zu treffen. Arsenios nahm sie diesmal mit Freuden auf. Da sagte einer der Brüder: „Weißt du nicht, Vater, dass wir nach Troe kamen, um dich zu besuchen? Doch du nahmst uns nicht auf." Altvater Arsenios erwiderte: „Ihr habt Brot gegessen und Wasser getrunken. Ich aber, mein Sohn, genoss weder Brot noch Wasser und strafte mich so selbst. Ich setzte mich auch nicht nieder, sondern blieb stehen, bis ich Gewissheit hatte, dass ihr, die ihr unterwegs wart, an eurem Ort sicher angekommen seid, denn ihr gerietet meinetwegen in Not. Ich bitte euch, Brüder, mir zu verzeihen." Als die anderen das hörten, gingen sie getröstet nach Hause.

ALTVATER Arsenios wurde einmal in der Sketis krank. Er erhielt Besuch von einem Priester, der nahm ihn mit in die Kirche und bettete ihn auf einen Teppich. Und er legte ihm ein Kissen unter den Kopf. Da erschien einer von den Alten, um nach ihm zu sehen. Als er Arsenios auf dem Teppich liegen und das Kissen unter seinem Kopf sah, nahm er Anstoß und sagte: „So ist also der Altvater Arsenios! So bequem liegt er!" Der Priester nahm den Besucher beiseite und fragte ihn: „Welcher Beschäftigung gingst du in deinem Dorfe nach?" Jener antwortete: „Ich war Hirte." „Und wie ist dein Leben verlaufen?" erkundigte sich der Priester. „Es war voller Mühsal", lautete die Antwort. Und der Priester fragte weiter: „Wie lebst du denn jetzt in deinem Kellion?" „Besser als früher. Ich habe mehr Annehmlichkeiten", erwiderte der Alte. Darauf erklärte der Priester. „Nun sieh auf den Altvater Arsenios. Er war ein Vater von Kaisern, als er in der Welt war, Tausende von Dienern standen bereit, mit goldenen Gürteln, Geschmeide und Seidengewändern. Er ging über kostbare Teppiche. Du aber warst ein Hirte. Du hattest in der Welt nicht die Bequemlichkeiten, die du in deinem Kellion besitzt. Arsenios aber hat das vornehme Leben und den Überfluss, die er in der Welt genoss, abgelegt. Siehe, du hast jetzt Ruhe, er aber wird von der Krankheit gequält." Als der Bruder das hörte, fiel er vor dem Priester auf die Knie und bat: „Verzeih mir, Vater, denn ich habe gesündigt. Arsenios hat den rechten Weg eingeschlagen und zur

Demut gefunden, ich aber kam zur Bequemlichkeit." Der Bruder schied vom Priester mit großem seelischem Gewinn.

Einer der Väter kam zu Altvater Arsenios und klopfte an die Tür. In der Meinung, es sei sein Diener, öffnete der Altvater. Doch als er den Besucher erkannte, warf er sich auf sein Antlitz nieder. „Steh auf, Vater, damit ich dich begrüßen kann!" gebot der Bruder, doch Arsenios antwortete: „Ich stehe nicht auf, es sei denn, du gehst weg." Trotz vieler Bitten blieb Arsenios am Boden liegen und stand nicht eher auf, als bis sein Gast weggegangen war.

Vom Altvater Arsenios wird erzählt, dass, während er arbeitete, immer ein Tuch auf seinem Schoß lag, weil er ständig weinte. Als er gestorben war, sagte Altvater Poimen über ihn: „Du bist selig, Altvater Arsenios, weil du über dich in dieser Welt geweint hast. Wer auf Erden nicht über sich weinen kann, wird in der Ewigkeit Tränen vergießen. Wenn wir es hier nicht freiwillig tun, werden wird dort wegen der Qualen weinen. Es ist unmöglich, nicht zu weinen."

Es kamen einmal einige Brüder zum Altvater Agathon. Sie hatten von der Kunst seiner Unterscheidungsgabe gehört und wollten ihn auf die Probe stellen. Sie fragten: „Bist du der Agathon?" „Ja, der bin ich", erwiderte er. „Bist du ein Buhler und ein stolzer Mensch?" „Ja, so ist es", lautete die Antwort. „Bist du Agathon, der Schwätzer und Verleumder?" lautete die nächste Frage. Und wieder bejahte Agathon sie. „Bist du Agathon, der Ketzer?" fragten die Brüder weiter. Da erwiderte er: „Nein, ein Ketzer bin ich nicht!" Die Brüder wunderten sich und fragten, wieso er einige Dinge, die sie über ihn gesagt hatten, hinnehmen könne, den Vorwurf, ein Ketzer zu sein, jedoch nicht. Darauf erklärte Agathon: „Was ich zuerst gesagt habe, nehme ich auf mich, denn es nützt meiner Seele. Aber der Vorwurf, ein Ketzer zu sein, trennt mich von Gott, und ich will nicht von Gott getrennt werden." Als die Brüder das hörten, wunderten sie sich über diese Gabe der Unterscheidung, und sie gingen gestärkt in ihre Niederlassungen zurück.

ALTVATER Agathon verbrachte lange Zeit damit, mit Hilfe seiner Schüler ein Kellion zu errichten. Als sie schließlich fertig waren, richteten sie sich häuslich ein. Jedoch schon nach einer Woche kamen dem Altvater Zweifel, ob es richtig war, hier Wohnung zu nehmen, und so sprach er zu seinen Schülern: „Lasst uns von hier wieder fortziehen." Die Schüler waren entsetzt und fragten. „Wenn du ohnehin vorhattest, nach so kurzer Zeit wieder wegzugehen, warum haben wir uns denn so viel Mühe mit dem Kellion gemacht? Die Leute werden sich wundern und sagen: Da sieht man nun die Unsteten und Ruhelosen." Altvater Agathon erwiderte: „Gewiss, einige werden sich ärgern, andere hingegen erbauen. Denn sie werden sagen: Selig die Menschen, die um Gottes willen fortgehen und alles geringachten. – Wer von euch mitkommen will, der folge mir, denn ich gehe." Da warfen sich die Schüler zu Boden und baten ihn, mitgehen zu dürfen. Und Agathon willigte schließlich ein.

ALTVATER Agathon begab sich eines Tages in die Stadt, um Gefäße zu verkaufen. Unterwegs traf er einen Aussätzigen. Der fragte ihn, wohin er gehe. „Ich gehe in die Stadt, um Gefäße zu verkaufen", antwortete Agathon. Darauf bat ihn der Aussätzige, ihn mitzunehmen. Agathon nahm ihn auf seinen Rücken und trug ihn in die Stadt. „Lege mich dorthin, wo du deine Gefäße verkaufst", bat der Aussätzige. So geschah es. Nachdem der Altvater ein Gefäß verkauft hatte, fragte ihn der Mann. „Um wieviel hast du es verkauft?" Agathon nannte ihm den Preis. Der Leprose bat: „Kauf mir einen Kuchen." Agathon kaufte ihn. Als er das nächste Gefäß verkauft hatte, fragte der Aussätzige ihn wieder nach dem Preis. Nun äußerte er wieder einen Wunsch, und Agathon erfüllte ihn. So ging es weiter, bis Agathon alle Gefäße verkauft hatte. Als er schließlich heimkehren wollte, fragte ihn der Kranke: „Du willst gehen?" Agathon antwortete. „Ja." „So erweise mir einen Gefallen und trage mich wieder dorthin, von wo du mich mitgenommen hast", bat der Fremde. Agathon nahm ihn auf seine Schultern und trug ihn an den Ort zurück. Der Aussätzige sprach: „Der Herr des Himmels und der Erde segne dich, Agathon!" Als er seine Augen erhob, sah er jedoch niemanden. Da wusste der Altvater, dass ein Engel des Herrn ihn geprüft hatte.

ALTVATER Ammonas erhielt einmal den Besuch eines Bruders, der ihn bat: „Sag mir ein gutes Wort!" Ammonas sagte: „Habe die gleichen Gedanken wie die Diebe und Übeltäter im Gefängnis, die sich Gedanken über den zu erwartenden Richterspruch machen. So muss auch der Mönch in allem auf seine Seele achten und sich fragen: Wie werde ich wohl vor dem Richterstuhl Christi bestehen und mich rechtfertigen können? Wenn du dich immer in dieser Weise verhältst, wirst du gerettet werden."

Als Altvater Ammonas einmal in die Wüste ging, um aus einem Tümpel Wasser zu schöpfen, bemerkte er einen angriffslustigen Basilisken, das ist eine große Echse. Da warf er sich auf sein Antlitz und rief: „Mein Gott, muss ich sterben oder er?" Da zerplatzte der Basilisk durch die Kraft Christi, und Ammonas war gerettet.

Von einem arbeitsamen Mönch, der nur eine Matte als Kleidung besaß, wird berichtet, dass er seinen Ort in der Kellia verließ und zum Altvater Ammonas kam. Als der Altvater ihn so sah, sagte er: „Das nützt dir nichts, dass du so herumgehst!" Da sagte der Besucher: „Ich beschäftige mich mit drei Gedanken: Soll ich in der Wüste umherziehen, oder soll ich in die Fremde gehen, wo mich niemand kennt? Oder soll ich mich in ein Kellion einschließen, niemanden treffen und nur jeden zweiten Tag essen?" Altvater Ammonas gab ihm zur Antwort: „Jede deiner drei Fragen führt dich zum Ziel. Viel besser wäre es, du setzt dich in dein Kellion, isst täglich eine Kleinigkeit und hältst es mit dem Wort des Zöllners in Lukas 18,13: ‚Gott, sei mir Sünder gnädig.' So kannst du dein Heil gewinnen."

Einige Brüder bekamen Schwierigkeiten an ihrem Wohnort und beschlossen, ihn aufzugeben. Sie suchten zuvor jedoch den Rat von Altvater Ammonas. Ammonas unternahm gerade eine Schiffsfahrt. Als er die

Brüder am Ufer sah, ließ er sich an Land setzen. Von weitem rief er den Brüdern zu: „Ich bin Ammonas, ihr wollt ja zu mir!" Nachdem die Brüder ihm ihre Sorgen vorgetragen hatten, riet er ihnen, an ihren Wohnort zurückzukehren. Denn ihre Bedenken richteten sich auf weltliche Dinge, nicht aber auf das Heil ihrer Seelen.

Als Altvater Ammonas einmal unterwegs war, um den Altvater Antonios zu treffen, verirrte er sich. Er ruhte sich aus und schlief ein. Als er wieder bei Kräften war, betete er zu Gott: „Herr, lass dein Geschöpf nicht zugrunde gehen!" Da sah er etwas, das ihn an eine menschliche Hand erinnerte. Sie kam aus den Wolken und zeigte ihm den Weg, bis er vor der Höhle des Altvaters Antonios stand.

Altvater Bischof Ammonas kam einmal an einen Ort, wo ein Bruder einen schlechten Ruf genoss. Als die Dorfbewohner bemerkten, dass eine Frau in das Kellion dieses Bruders hineinging, rotteten sie sich zusammen, um den Bruder zu vertreiben. Da erfuhren sie, dass Amomnas sich in dem Dorf aufhielt, suchten ihn auf und baten ihn, mit ihnen zu kommen. Als der Bruder mit dem schlechten Ruf die Menschen auf sein Kellion zukommen sah, verbarg er die Frau in einem Fass. Altvater Ammonas wusste bereits, was sich ereignet hatte. Er trat unbekümmert ein und setzte sich auf das Fass. Darauf ließ er das Kellion durchsuchen, doch die Frau fanden sie nicht. Mahnend sagte Altvater Ammonas: „Gott soll euch vergeben, weil ihr den Bruder verleumdet habt!" Er betete mit den Leuten und schickte sie alsbald nach Hause. Dann ergriff er die Hand des Bruders und ermahnte ihn: „Bruder, gib auf dich acht!" Nach diesen Worten ging Ammonas seiner Wege.

ALTVATER Achilas erhielt einmal den Besuch von drei Greisen. Einer von ihnen stand in üblem Ruf. Der erste der drei bat: „Vater, knüpfe mir ein Netz!" Achilas aber antwortete: „Ich habe keine Zeit. Ich mache es nicht." Da wandte sich der zweite an ihn: „Vater, mache das Netz aus Liebe, damit wir in unserer Wohnung ein Andenken an dich haben." Und wieder sagte Achilas: „Ich habe keine Zeit, ich mache es nicht." Da wandte sich auch der mit dem üblen Ruf an ihn und bat: „Mache mir ein Netz, damit ich etwas aus deinen Händen besitze." Altvater Achilas sagte auf der Stelle zu. Ich mache es für dich. Als die beiden ersten Greise mit Altvater Achilas allein waren, beklagten sie sich: „Wir haben dich so inständig gebeten, aber du wolltest kein Netz knüpfen. Diesem aber hast du gesagt: Ich mache es für dich." Darauf erklärte Altvater Achilas ihnen: „Ich habe euch gesagt, dass ich das Netz nicht knüpfe, weil ich keine Zeit habe, und ihr wart deswegen nicht traurig. Wenn ich eurem Bruder die gleiche Antwort gegeben hätte, dann hätte er sich gesagt: Wegen meiner Sünde hat er es abgelehnt, meinen Wunsch zu erfüllen. So hätten wir alle Verbindungen zu ihm abgeschnitten wie ein gekapptes Seil. Nun aber habe ich seine Seele aufgeweckt, damit euer Bruder nicht in Traurigkeit versinkt."

EIN Altvater, so wurde erzählt, aß fünfzig Jahre kein Brot, auch trank er fünfzig Jahre keinen Wein. Da schätzte er sich glücklich und bekannte: „Ich habe sowohl die Buhlerei umgebracht wie die Habsucht und den eitlen Ruhm." Altvater Abraham hörte davon und suchte ihn auf. „Hast du diese Worte wirklich gesprochen?" fragte er. „Ja", lautete die Antwort. Und Abraham sagte: „Angenommen, du gehst in dein Kellion und findest eine Frau auf deiner Matte. Kannst du denken, es sei keine Frau?" Der Altvater sagte: „Nein, aber ich kämpfe mit dem Gedanken, sie anzurühren." Abraham erwiderte. „So hast du die Leidenschaft nicht getötet, sondern sie lebt noch in dir. Du hast ihr lediglich Fesseln angelegt." Und er stellte den Altvater noch einmal auf die Probe und fragte: „Wenn du unterwegs Steine und Tonscherben siehst und mittendrin ein Stück Gold, kann dein Verstand den Stein und die Scherbe so betrachten wie das Gold?" Der Altvater erwiderte: „Nein, aber ich kämpfe dagegen, das Goldstück aufzuheben." Darauf sagte Abraham: „Siehe, auch die Habsucht lebt noch, auch wenn sie gebunden ist." Da führte Abraham dem Altvater noch einmal ein Beispiel vor Augen „Es leben zwei Brüder, von denen der eine dich liebt, der andere dich hasst und Übles über dich spricht. Wenn die beiden dich nun aufsuchen, kannst du beide gleich behandeln?" Der Altvater entgegnete: „Nein, aber ich kämpfe mit meinem Denken, damit ich beiden gleich Gutes tue, dem, der mich liebt, und dem, der mir übel will." Darauf sagte Altvater Abraham: „Also leben die Leidenschaften noch. Nur von den Heiligen werden sie gebunden."

ALTVATER Abraham wusste von einem Mönch in der Sketis zu erzählen, der ein Schreiber war und kein Brot aß. Einmal suchte ihn ein Bruder auf und bat ihn, ein Buch abzuschreiben. Der Mönch lebte aber gerade in einer Phase der Beschauung, und so schrieb er manche Zeilen unvollständig und verstümmelt. Als der Bruder nun sein Buch in Empfang nahm und lesen wollte, kam heraus, dass ganze Wörter fehlten. So beschwerte er sich bei dem Mönch und sagte: „Hier fehlen ja ganze Verse!" Darauf erwiderte der Schreiber: „Befolge zuerst, was dort niedergeschrieben ist. Dann komm wieder, und ich werde den Rest schreiben."

Der Bischof von Oxyrhynchos mit Namen Apphy war zuerst Mönch gewesen. In dieser Zeit führte er ein strenges asketisches Leben. Nachdem er zum Bischof geweiht worden war, wollte er diese Lebensart weiterführen, doch gelang es ihm nicht. Da warf er sich vor Gott nieder und haderte: „Ist mit dem Bischofsamt die Gnade von mir gewichen?" Und er hörte eine innere Stimme, die zu ihm sprach: „Nein, damals lebtest du in der Gnade der Einsamkeit. Es war kein Mensch um dich, also musste Gott helfen. Nun aber lebst du in der Welt – jetzt helfen dir die Menschen."

Altvater Apollo äußerte sich einmal über die gastliche Aufnahme der Brüder. „Man muss den Brüdern, die ankommen, zu Füßen fallen. Denn nicht ihnen, sondern Gott huldigen wir. Sagt man nicht: Hast du deinen Bruder gesehen, so hast du den Herrn, deinen Gott gesehen? Und das haben wir von Abraham übernommen: Wenn ihr die Brüder aufnehmt, so gebt ihnen eine Erquickung (Gen 18,2). Und von Lot haben wir gelernt, dass er die Engel zur Einkehr nötigte (Gen 19,3).

ABBAS Antianos in der Thebais bekleidete in seiner Jugend viele öffentliche Ämter. Im Alter wurde er schwach und blind. Die Brüder pflegten ihn, weil er so schwach war, und reichten ihm das Essen in den Mund. Über diesen Dienst sprachen sie einmal mit Altvater Aio. „Was haben wir für diesen Dienst zu erwarten?" Aio entgegnete: „Wenn Antianos' Herz ganz dabei ist und er euren Dienst freudig annimmt, selbst wenn er nur eine Dattel isst, dann nimmt Gott die Mühe. Wenn er die Dienste jedoch unwillig annimmt, weil er gegen seinen Willen gezwungen wird, dann bewahrt Gott seine Mühe ungemindert, und jene, die ihm dienen, haben ihren Lohn."

DER Statthalter von Pelusium wollte einmal von den Mönchen die Kopfsteuer erheben, so wie von den Menschen in den Städten und Dörfern. Da versammelten sich die Brüder beim Altvater Ammonatha und beratschlagten, was zu tun sei. Sie beschlossen, dass sich einige zum Kaiser aufmachen und um Dispens bitten sollten. Altvater Ammonatha jedoch sagte: „Was sollen wir uns quälen? Bleibt ruhig in euren Kellien und fastet zwei Wochen. Mit der Gnade Christ werde ich die Angelegenheit in Ordnung bringen." Die Brüder gingen in ihre Zellen zurück, und auch der Altvater blieb ruhig in seinem Kellion sitzen. Als die vierzehn Tage vorbei waren, entrüsteten sich die Brüder über den Altvater, denn sie hatten nicht bemerkt, dass er auch nur einen Schritt getan hätte. Sie sagten: „Der Alte hat uns die Sache verdorben." Am fünfzehnten Tag kamen die Brüder wie verabredet wieder zusammen. Auch Altvater Ammonatha erschien und trug ein Schriftstück in der Hand, das

vom Kaiser gesiegelt war. Da gerieten die Brüder außer sich und fragten: „Wann hast du das Schreiben geholt?" Altvater Ammonatha erwiderte: „In dieser Nacht bin ich zum Kaiser gegangen, und er fertigte diesen Brief aus. Darauf kam ich nach Alexandrien und ließ es von den Beamten unterschreiben. Darauf kam ich zu euch." Als die Brüder das hörten, erschraken sie und warfen sich zu Boden. Der Statthalter hat von den Mönchen nie wieder eine Kopfsteuer gefordert.

Altvater Dulas, ein Schüler des Altvaters Besarion, erzählte, wie er mit seinem Lehrer am Ufer des Meeres wanderte und Durst bekam. Darauf sagte er zu Abbas Besarion: „Vater, ich habe großen Durst!" Dieser sprach ein Gebet und sagte dann zu seinem Schüler: „Trink aus dem Meer." Das Wasser war süß, und es schmeckte Dulas vorzüglich. Darauf schöpfte er Wasser in ein Gefäß für den Fall, dass er unterwegs noch einmal Durst bekäme. Als Altvater Besarion das sah, fragte er: „Warum schöpfst du noch einmal?" Altvater Dulas antwortete: „Ich bitte um Verzeihung. Es ist für den Fall, dass mich nochmals dürstet!" Darauf sagte der Lehrer: „Gott ist hier, und Gott ist überall."

Altvater Benjamin erinnerte sich, dass er mit seinen Brüdern nach der Ernte in die Sketis hinabstieg und dass man ihnen von Alexandrien einen Anteil an den Früchten lieferte. Jeder erhielt ein Gefäß mit gereinigtem Öl, das mit Gips verschlossen war. Wenn dann wieder die Zeit der Ernte nahte, brachten die Brüder das, was noch übrig war, in die Kirche. Altvater Benjamin berichtete: „Ich öffnete zwar das Gefäß nicht, doch mit einer Ahle durchstach ich den Deckel und nahm ein wenig heraus. Ich dachte bei mir, dass ich etwas Großartiges getan habe, weil ich nicht mehr entnahm. Doch als die Brüder ihre Gefäße brachten, waren sie zugegipst wie am ersten Tag, und nur mein Gefäß hatte einen Einstich. Da stand ich in Schande vor ihnen und fühlte mich wie ein Ehebrecher."

EINMAL wollten Altvater Benjamin und seine Mönche in den Kellien einem Altvater etwas Öl bringen. Der Altvater wies auf ein kleines Gefäß und sagte: „Das ist das Gefäß, das ihr mir vor drei Jahren gebracht habt. Wo ihr es hingestellt habt, steht es noch immer." Das beschämte die anderen, und sie bewunderten die Lebensweise des alten Mannes.

ALTVATER Benjamin besuchte mit seinen Mitbrüdern einen anderen Greis, und dieser forderte sie auf, zu essen. Er besaß jedoch nur Rapsöl. Die Gäste baten: „Vater, gib uns ein wenig von dem genießbaren Öl." Der Greis bekreuzigte sich und entschuldigte sich. „Ich wusste gar nicht, dass es ein anderes Öl gibt."

ALS Altvater Arsenios in der Sketis lebte – so erzählte einst Altvater Daniel –, lebte dort auch ein Mönch, der sich am Eigentum des Altvaters vergriff. Arsenios nahm in mit in seine Zelle, um ihm ins Gewissen zu reden. Er sagte zu ihm: „Wenn du etwas brauchst, dann sag es. Ich werde es dir geben, aber stiehl nicht." Und Abbas Arsenios gab ihm Gold, etwas Geld und Kleidung und was er sonst noch benötigte. Doch wenig später stahl der Mönch abermals. Als nun die kleine Gemeinschaft sah, dass er immer wieder Dinge nahm, entließen sie ihn mit der Begründung: „Wenn sich herausstellt, dass ein Bruder Schwächen und Fehler hat, dann muss man ihn ertragen. Stiehlt er aber und lässt trotz Ermahnungen nicht davon ab, dann schickt ihn fort. Denn er schadet nicht nur seiner eigenen Seele, sondern bringt Unruhe an den Ort der Gemeinschaft."

EIN Bruder kam einmal zum Altvater Poimen und klagte: „Ich sollte mich um meine eigenen Sünden kümmern, aber immer wieder sehe ich die Mängel anderer Brüder. Das beunruhigt mich. Was soll ich tun?" Altvater Poimen wusste eine Episode aus dem Leben des Abbas Dioskurios zu berichten und sagte: „Er saß in seinem Kellion und weinte über sich selbst. Sein Schüler hielt sich in einem anderen Kellion auf. Als er nun zu Dioskurios kam und ihn weinend antraf, fragte er: Warum weinst du, Vater? Und der Abbas erwiderte: Ich beweine meine Sünden. Worauf der Schüler meinte: Du hast doch keine Sünden, Vater. Da antwortete Abbas Dioskurios: Wenn es mir gestattet wäre, meine Sünden zu sehen, dann würden drei oder vier Menschen nicht genügen, um sie zu beweinen."

ALS der Altvater Ephraem noch ein junger stattlicher Mann war, wollte ihn jemand verführen oder zumindest zornig machen, denn bisher hatte ihn niemand zornig gesehen. Man schickte also eine Dirne zu ihm, die ihn verführen sollte. Er forderte sie auf: „Folge mir." Als sie an einen Ort kamen, wo es von Menschen wimmelte, sagte Ephraem zu der Dirne: „Hier an diesem Ort tue, was du vorhast." Die Frau blickte auf die Menge und antwortete: „Wie können wir das tun, wo doch soviel Volk um uns ist? Wir müssten uns doch schämen!" Da sagte Ephraem zu ihr. „Wenn wir uns vor den Menschen schämen, um wieviel mehr müssen wir uns vor Gott schämen, der auch das im Dunkeln Verborgene richtet." Da ging die Dirne beschämt davon.

Ein Altvater lehrte: „Verurteile niemanden, der unter dir steht, auch nicht deinen Diener. Denn du weißt nicht, ob er den Geist Gottes hat, oder du."

Ein heiliger Vater bemerkte einmal, wie sich ein Bruder vernachlässigte, und weinte darüber. Er sagte sich: „So wie dieser Bruder hier sündigt, kann ich es morgen tun." Und er ermahnte seine Schüler mit den Worten: „Siehst du, dass jemand vor deinen Augen sündigt, so verdamme und verurteile ihn nicht, sondern sage dir, dass du ein noch größerer Sünder bist als er. Es sei denn, er lästert Gott – das ist Ketzerei."

Abbas Hyperechius empfahl seinen Zuhörern: „Hilf deinem Nächsten so oft du kannst, sich von seinen Sünden zu befreien. Mache ihm jedoch keine Vorwürfe. Denn Gott stößt die nicht von sich, die sich zu ihm bekehren. In deinem Herzen sei kein böses oder feindseliges Wort, damit du ehrlich sagen kannst: Vergib uns unsere Schuld, wie auch wir vergeben unsern Schuldigern."

Ein Bruder suchte einen Einsiedler auf und blieb eine Weile bei ihm. Als er sich schließlich verabschiedete, bat er: „Verzeih mir, mein Vater, dass ich dich in deiner Ordnung gestört habe." Jener aber antwortete ihm: „Meine Regel ist es, dir Gastfreundschaft zu gewähren und dich in Frieden wieder ziehen zu lassen."

Ein Altvater aus der Sketis kam eines Tages nach Alexandrien, um seine Ware anzubieten, die er in seinem Kellion hergestellt hatte. Da sah er plötzlich einen Mönch, der in eine Schenke ging. Der Altvater war erschrocken und wollte dem Mönch ins Gewissen reden. Also wartete er, bis er wieder herauskam. Dann stellte er ihn zur Rede: „Du weißt doch, Bruder, dass du ein engelgleiches Kleid trägst? Du bist noch jung, aber es ist dir bekannt, dass die Fallstricke und Schlingen des Feindes überall sind. Weißt du nicht, dass Mönche durch Augen und Ohren, durch ihr Aussehen und ihr Gewand in den Städten Schaden leiden können? Du jedoch gehst unbekümmert in die Schenke. Dort hörst du, was du nicht willst, siehst, was dir augenscheinlich schadet, und begibst dich in die Begleitung von zwielichtigen Männern und Frauen. Halte ein, Bruder, ich beschwöre dich, tue es nicht! Flieh in die Wüste, dort kannst du mit der Hilfe Gottes gerettet werden." Der junge Mönch sagte nur: „Vater, Gott sieht auf das Herz und sonst nichts!" Da ging der Altvater in sich, erhob die Hände und rief Gott an: „Seit fünfunddreißig Jahren wohne ich jetzt in der Sketis und habe doch kein reines Herz. Der aber, der sich in den Schenken aufhält, besitzt die Reinheit des Herzens!" Und zu dem jungen Mönch gewandt, sagte der Altvater. „Gott bewahre und segne dich, Bruder, aber er wolle auch mich in meiner Hoffnung nicht enttäuschen."

In den Kellien von Choziba lebte einmal ein Altvater, der zunächst in einem Dorf gewohnt hatte. Er hatte ein wachsames Auge auf seine Umgebung. Sah er, dass jemand seinen Acker nicht bestellen konnte, weil er arm und schwach war, so ging er des Nachts hin und säte. Auch in den Kellien von Choziba hielt er diese Gewohnheit bei. Er wanderte auf der Straße, die vom Jordan zur heiligen Stadt führt, und trug Wasser und Brot bei sich. Traf er jemanden ermüdet und ermattet an, so stärkte er ihn, trug dessen Gepäck auf seinen Schultern und begleitete ihn auch zum Ölberg hinauf oder nach Jericho hinunter. Manchmal nahm er auch Kinder, eins oder zwei, auf seinen Rücken. Wenn die Last zu schwer wurde, schwitzte er stark. Zuweilen saß er auch an der Straße und flickte die Schuhe der Pilger, denn er hatte alles bei sich, was dazu nötig war. Traf er aber auf einen Nackten, so gab er ihm den Mantel, den er trug. Wenn er einen Toten fand, so begrub er ihn und betete für ihn die üblichen Totengebete. Es verging kaum ein Tag, an dem man den Altvater nicht bei den Werken der Barmherzigkeit antraf.

In der Stadt Theopolis lebte einmal ein Patriarch mit Namen Alexander. Er war sehr fromm und tat viele gute Werke. Einmal stahl ihm einer seiner Notare Geld. Auf der Flucht gelangte er nach Ägypten in die Thebais. Dort irrte er herum und fiel unter die Räuber, die ihn an die äußersten Grenzen Ägyptens verschleppten. Als Alexander vom Unglück des Notars gehört hatte, kaufte er ihn für fünfundachtzig Goldmünzen frei. Als der Notar in seine Heimat zurückgekehrt war, behandelte der Patriarch ihn so menschenfreundlich und voller

Erbarmen, dass ein Bürger der Stadt meinte, es ginge einem nicht besser, als wenn man sich gegen den Patriarchen Alexander versündige.

Ein Altvater sagte: So wie ein Baum keine Früchte bringt, wenn man ihn oft versetzt, ebenso kann auch ein Mönch, wenn er oft umherzieht, keine guten Früchte bringen.

Ein Altvater erzählte, dass die Mönche nicht leicht von einem Ort zum anderen gingen. Nur drei Gründe waren ausschlaggebend, den angestammten Platz zu verlassen: Einmal, wenn sich jemand gegen einen Mitbruder so ablehnend verhalten hatte, dass eine Versöhnung keine Genugtuung verschaffen konnte. Dann, wenn jemand über Gebühr gelobt wurde, und drittens, wenn jemand in die Versuchung zur Unzucht geriet.

Ein Mönch klagte sich einmal in einem Gespräch mit einem Altvater seiner ständig umherschweifenden Gedanken an, was ihn sehr betrübte. Der Altvater gab den Rat: „Bleibe ruhig in deiner Zelle, dann werden deine Gedanken sich wieder sammeln. Denn so wie das Füllen einer Eselin, das irgendwo angebunden ist und bald hierhin, bald dorthin springt, sich nicht eher beruhigt, als bis es mit seiner Mutter wieder vereint ist, so werden auch die Gedanken des Mannes, der um Gottes Willen geduldig in seinem Kellion bleibt, nach langem Umherschweifen wieder zu ihm zurückkehren."

Ein Altvater sagte: Wir kommen, was das Gute angeht, deshalb nicht voran, weil wir nicht Maß halten können und auch bei unseren begonnenen Arbeiten keine

Geduld haben. Wir möchten die Tugend ohne Mühen erlangen.

Ein Bruder ging einmal zu einem berühmten Altvater und sagte: „Ich möchte einen Altvater finden, der ganz in meinem Sinne ist. Bei ihm möchte ich bleiben." Darauf sagte der Altvater: „Du hast recht!" Und er vergewisserte sich noch einmal: „Wenn du also einen Altvater nach deinem Willen fändest, würdest du bei ihm bleiben?" „ Ja, das ist mein Wunsch", lautete die Antwort, „vorausgesetzt er ist nach meinem Sinn." Da fragte der Altvater: „Du willst also nicht dem Willen deines Lehrers folgen, sondern du verlangst, dass der Lehrer deinem Willen gehorcht? Dann also wärst du zufrieden?" Jetzt verstand der Bruder, was der Altvater meinte. Er warf sich zu Boden und rief: „Verzeih mir, Vater, ich war ichsüchtig und glaubte, recht zu reden. Ich sehe aber, dass ich nichts Gutes im Sinn hatte."

Ein Altvater sagte einmal: So wie nicht alles, was man dir sagt, dir gefallen soll, so sollst du auch nicht jedem Wort beipflichten. Glaube langsam – aber das Wahre sage schnell.

Ein Bruder entsagte der Welt und zog das Mönchskleid an. Er schloss sich ein und sagte: Von nun an will ich ein Einsiedler sein. Als die Brüder aus der Nachbarschaft das hörten, kamen sie herbei und verjagten ihn. Sie befahlen ihm, die Kellien der Brüder aufzusuchen und vor jedem Bruder einzeln Buße zu tun. Dabei sollte er sagen: Verzeih mir, ich bin kein Einsiedler, sondern habe erst mit dem Anfang des Mönchslebens begonnen.

EIN Bruder klagte sich bei einem Altvater an, dass er oftmals vom Schlaf übermannt werde und die Stunde des Gottesdienstes verpasse. Wenn die Stunde vorüber sei, schäme er sich, den Dienst nachzuholen. Darauf erwiderte der Altvater: „Wenn es dir widerfährt, dass du bis zum Morgen schläfst, dann steh sofort auf, wenn du erwachst, schließe die Tür und verrichte dienen Dienst. Es steht in der Schrift: Dein ist der Tag und Dein ist die Nacht (Ps 73,16). Gott zu loben ist jederzeit möglich."

EIN Bruder fragte einmal einen Altvater: „Was ist Demut?" Der Altvater antwortete ihm: „Lass denen Guten angedeihen, die dir Übles wollen." Darauf fragte der Bruder weiter: „Wenn ein Mensch dazu nicht in der Lage ist und nicht zu dieser inneren Größe gelangt, was soll er dann tun?" Und der Altvater antwortete: „Er muss fliehen und schweigen."

ALS die Brüder einmal über das vornehmste Werk ihrer Pilgerschaft diskutieren, ergriff ein Altvater das Wort: „Ich kenne einen wandernden Mönch, der einmal eine Kirche besuchte. Dort wurde gerade eine Agape gehalten, und man lud ihn dazu ein. Als er sich gesetzt hatte, um mit den Brüdern zu essen, fragte einige: Wer hat denn den da eingeladen? Und sie forderten ihn auf, hinauszugehen. Sogleich verließ der Wandermönch das Gotteshaus. Andere widersprachen und gingen beschämt hinaus, um den Gast wieder zu Tisch zu bitten. So kam er zu ihnen zurück. Später fragte einer der Gäste den Wandermönch: Was hast du wohl in deinem Herzen gedacht, als man dich hinausschickte und dann wieder hereinbat? Darauf entgegnete der Mönch: Ich stellte mir vor, dass ich einem Hund vergleichbar bin. Der Hund läuft hinaus, wenn man ihn wegschickt, und er kommt herein, wenn man ihn ruft."

DIE Altväter lehrten: Wenn in Wahrheit ein Engel zu dir käme, nimm ihn nicht leichten Herzens auf. Verdemütige dich und halte dir stets vor Augen: Ich bin nicht würdig, einen Engel zu schauen, denn ich bin ein sündiger Mensch.

EIN Bruder freute sich desto mehr, je mehr ihn ein anderer schmähte oder verspottete. Denn er war der Meinung: Das sind die Menschen, die uns Gelegenheit zur Vollkommenheit geben. Die Leute aber, die uns loben und preisen, verwirren unsere Seelen. Steht nicht geschrieben: Die dich selig preisen, die betrügen dich?" (Is 3,12)

EIN Bruder, stark an Kräften, fragte Abbas Sisoes: „Wenn ich in meiner Zelle von Räubern oder Barbaren überfallen werde, und ich werde ihrer habhaft, darf ich sie dann umbringen?" Sisoes warnte: „Das darfst du nicht tun! Überlass dich vielmehr Gott. Was immer dir an Bösem zustoßen mag, betrachte es als Folge für deine Sünden und erkenne es als göttlichen Heilsplan für dich."

DER Baum des Lebens berührt den Himmel, doch ein demütiger Mönch kann ihn trotzdem besteigen.

ABBAS HYPERECHIUS

DIE Empfehlung eines Greises lautete: Wenn Versuchungen über dich kommen, gib niemand anderem als dir selbst die Schuld und erkenne: Wegen meiner Sünden habe ich dies erlebt.

Ein Altvater sagte: Wessen Seele die Erinnerung an etwas Böses festhält, der gleicht einem Feuer, das unter dem Stroh verborgen ist.

Ein Bruder rühmte sich vor einem Altvater. „Mein Denken sagt mir, dass ich gut bin." Darauf antworte der Altvater: „Wer seine eigenen Sünden nicht sieht, glaubt freilich immer, dass er gut sei. Wer seine Sünden aber erkennt, den können seine Gedanken nicht verleiten, anzunehmen, dass er gut sei. Er weiß nämlich, was er sieht. Man muss immer wieder an sich arbeiten, um sich kennenzulernen. Nachlässigkeit, Trägheit und übertriebene Nachsicht machen die Augen unseres Herzens blind."

Ein Altvater gab einem jüngeren Mönch folgenden Rat: „Denke alle Tage, dass dein Tod dir nahe ist. Kümmere dich um nichts in dieser Welt, so als lägest du schon im Grabe. Habe immer Gottesfurcht im Herzen. Halte dich für geringer als andere Menschen. Rede niemals etwas Schlechten über jemanden, Gott weiß alles. Lebe vielmehr mit allen in Frieden, dann schenkt Gott dir die Ruhe des Herzens, derer du bedarfst."

Ein Altvater sagte: Die Augen der Schweine sind so angelegt, dass sie stets auf die Erde gerichtet sind, wenn sie nach Nahrung suchen. Dabei können sie nicht zum Himmel aufblicken. So ist es auch mit der Seele dessen, der die Freuden der Wollust sucht. Ist die Seele einmal

in der Pfütze der Unzucht versunken, so kann sie nur schwer wieder zu Gott aufblicken oder an etwas Geschmack finden, das von Gott kommt

FURCHT, Demut, der Mangel an Speisen und Klagen sollen stets in einem Mönch bleiben und keinen Ausgang finden – so sagte ein Altvater.

ABBAS Poimen empfing von Abbas Moses sieben Lehrstücke, die dazu angetan sind, die Seligkeit zu erlangen, ganz gleich, ob auf dem Wege über ein Kloster oder in der Welt:
I. Vor allem muss der Mensch nach der Lehre der Heiligen Schrift Gott von ganzer Seele und mit allen Kräften des Verstandes lieben.
II. Er muss seinen Nächsten lieben wie sich selbst.
III. Er muss sich allem Bösen enthalten.
IV. Er darf in keiner Sache seinen Mitbruder richten und verurteilen.
V. Er darf seinem Mitmenschen nichts Böses antun.
VI. Der Mensch soll sich, ehe er von hinnen scheidet, von allen Makeln des Leibes und der Seele reinigen.
VII. Endlich muss der Mensch ständig ein zerknirschtes und gedemütigtes Herz haben.
   Wer stets nur auf seine Sünden und nicht auf die seines Nächsten sieht – so heißt es weiter in dem Dokument –, der kann mit der Hilfe der Gnade unseres Herrn Jesus Christus, der mit Gott dem Vater und dem Heiligen Geist lebt und regiert von Ewigkeit zu Ewigkeit, alle diese Lehrstücke erfüllen.

Zur Überlieferung
der Aussprüche

Die „Apophtegmata Patrum" – die Aussprüche der Wüstenväter – aus den ersten Jahrhunderten gehören zu den frühen bedeutenden Überlieferungen christlicher Spiritualität, die aus der ägyptischen Wüste stammend sich über ganz Europa ausgebreitet haben. Ihr Inhalt wird weniger von theologischen Aussagen, sondern von den Erfahrungen praktischen Lebens auf dem Weg zu Gott bestimmt. Das Suchen der Seele, die Versuchungen des Leibes, die Sehnsucht des Herzens, das Mühen, Scheitern und Siegen vollzieht sich abseits der damals hochentwickelten Zivilisation, als Abenteuer im schutzlosen, leeren Raum der Wüste. Die Väter – es gab auch von Gott begeisterte Frauen – zogen zu Tausenden in die oberägyptische Thebais, nach Nitrien in Unterägypten oder in die sketische Wüste, die als das eigentliche Stammland der Mönchsliteratur gilt. Viele lebten asketisch und in dürftigen Verhältnissen als Einsiedler oder in kleinen Eremitensiedlungen, andere in größeren klösterlichen Gemeinschaften. Hier entstanden die ersten Klöster christlicher Tradition, deren geistiges und praktisches Leben uns Johannes Kassian in zwei Standardwerken überlieferte, auf die St. Benedikt bei der Formung des europäischen Mönchtums zurückgreifen konnte.

Die „Apophtegmata" fußen auf mündlichen Überlieferungen, die zu ihrer Entstehungszeit literarisch nicht bearbeitet worden sind. Sie entstammen dem 4. und 5. Jahrhundert und haben als beliebte Richtlinien ihren Weg in die Kirche des Ostens und Westens gefunden. Viele der geradezu von tiefer Weisheit und Lebenserfahrung geprägten Sprüche haben ihren Ursprung in realen Situationen, sie besitzen eine Geschichte, die den Kern der Aussage umkleiden und ihren Inhalt so transparenter und verständlicher machen. Sie verfolgen in erster Linie eine erzählende und hinführende Funktion in einer Welt, in der Einsamkeit und Schweigen zwei Säulen der Gottsuche waren. Oft richten sich die Ratschläge an einzelne Personen, an benachbarte Bewohner, an Besucher in der Einöde der Wüste. Manchmal bleibt das Schweigen das zentrale Motiv der Verständigung, die erbetene Antwort muss der Fragende selbst finden. Deshalb sind die Lösungsmöglichkeiten für uns Lesende und Meditierende heute vielfach offen. Wir können sie als Impuls, als Richtungs-, selten als endgültige Wegweisung verstehen. Doch die Aussprüche der Väter sind auch derzeit noch gültig, weil sie wie vor 1.500 Jahren Markierungen auf dem Weg zu Gott sind.

Weitere Literatur: „Lebenshilfe aus der Wüste." Texte zum Nachdenken. Die alten Mönchsväter als Therapeuten. Herausgegeben von Gertrude und Thomas Sartory, Freiburg 1980.

KLEINES ABC

ABBAS: hier noch nicht Vorsteher eines Klosters, sondern ein geistlicher Vater, ein Meister

ABRAHAM: wahrscheinlich Abraham zu Kinuda bei Edessa, starb 366

ACHILAS: Zeitgenosse des Ammoes, lebte in der Sketis

ALONIOS: Mönch, lebte zur Zeit des Arsenios und Agathon

ALTVATER: Vater, Greis. Ausdruck für den erprobten und geisterfüllten Mönch, der nicht unbedingt „alt" im biologischen Sinn sein muss

AMMA: eine Meisterin, eine „Wüstenmutter". Amma ist der dem Abbas entsprechende weibliche Titel für geistbegabte Einsiedlerinnen

AMMA THEODORA: lebte zur Zeit Theophilos und Ammoes'

AMMOES: Schüler des Abbas Makarios in der Sketis und in den Kellien. Geistlicher Vater des Abbas Johannes Kolobos

AMMON: Begründer einer der zahlreich bevölkerten Eremitenkolonien in Nitra

AMMONAS: Schüler und Nachfolger des Antonius, wurde Bischof, nachdem er 14 Jahre in der Sketis gelebt hatte

ANUB: lebte in der Sketis, später in der Wüste Terenuthis, starb um 460

ANTONIUS/ANTONIOS (* um 251 geboren): gilt als Vater aller christlichen Mönche

APOPHTHEGMATA: Plural von Apophthegma: Ausspruch, Wort

BESARION: lebte im 4. Jh in der Sketis unter besonders harten Bedingungen, trug stets ein Evangelienbuch bei sich

DANIEL: Schüler des Arsenios in der Sketis

DULAS: Schüler des Besarion, lebte in der Sketis

ELIAS: möglicherweise ein Schüler des Abbas Agathon

EPIPHANIOS: Bischof von Cypern (Salamis) 315–403, großer Asket, Gegner der Bilderverehrung., zwiespältige Beurteilung

EREMIT: von gr. „eremos", einsam

EUPREPIOS: vertrat mehr griechische als christliche Gedanken

GREGORIOS DER THEOLOGE: Freund des Basileios und dessen Bruder Gregor von Nyssa (330–390). Bedeutender Theologe

HERZENSRUHE: Hesychia, die Erfüllung des himmlischen Zustandes, ohne Anfechtungen, Wünsche, Versuchungen

ISAAK: Priester in der Kellia, lebte 30 Jahre als Einsiedler, dann als Klostervorsteher einer größeren Mönchsgemeinde

ISIDOR VON PELUSIUM (370–444): gebürtig aus Alexandrien, geistsprühender, kraftvoller Mann, treu, verlässlich, von aufrichtigem Charakter, schrieb mehrere tausend Briefe

JOHANNES KOLOBOS: Johannes der Kleine oder Kurze, starb vor 450, einer der bedeutendsten Väter, hat vermutlich den Beinamen „der Thebaner" getragen, Schüler des Abbas Anmoes, den er zwölf Jahre lang pflegte. Vater einer großen Mönchsgemeinde, zu der auch Arsenios gehörte

JOSEPH IN PANEPHO: ein Zeitgenosse des Abbas Antonios

KASSIAN: wahrscheinlich um 360 geboren, Herkunft unbekannt, Mönch in Bethlehem, hohe Bildung. Ab 385 besucht er mehrfach die ägyptischen Klöster. Nach 400 von Chrysostomus zum Diakon geweiht. Starb 435 in seinem Kloster in Marseille (siehe auch Einleitung)

KELLIA: dieses Gebiet lag zwischen Nitria und Sketis, fünf Meilen von der Nitria und 80 Meilen von der Sketis, es war also ein Teil des Natrontales mit besonders vielen Kellien von Einsiedlern

KOINOBION: vom griechischen „koinos bios", gemeinsames Leben

KLYSMA: ungefähr die Gegend des heutigen Suezkanals

MAKARIUS/MAKARIOS, der Ägypter: Leiter einer großen Mönchsgemeinde

MAKARIUSKLOSTER: ältestes der vier erhaltenen koptischen Klöster

MATOE: Zeitgenosse des Johannes Kolobos, lebte in Raithu, auf der Halbinsel Sinai.

MÖNCH: von gr. „monos", allein

MOSES: ein Sklave, von Haus Äthiopier, den sein Herr wegen eines Diebstahls entlassen hatte. Anführer einer Räuberbande, später geachteter Mönch, wurde bei der Verwüstung der Sketis nach 410 ermordet

NITRIA: der nordwestliche Teil des Natronlandes, das Hauptgebiet der ägyptischen Einsiedlersiedlungen und vieler Klöster. Trotz des nahen Salzsees gibt es dort Süßwasserquellen

OXYRHYNCHOS: altägyptisch Per-Medjed, historische Stadt Ägyptens und bedeutende Grabungsstätte. Dort wurden zahlreiche Papyrus-Texte aus der hellenischen, römischen und byzantinischen Epoche der ägyptischen Geschichte entdeckt, darunter auch das Thomasevangelium

PAMBO: Schüler des Antonius, des Ammun in Nitria, Priester. Athanasios berief ihn nach Alexandrien, wahrscheinlich um gegen die Arianer zu predigen. Er starb 390, 70jährig

PAPHNUTIOS: Mönch in einem Kloster, später in einer Einsiedelei in der Sketis, 373 Nachfolger des großen Isidors, des Vaters der Sketis

PELUSIUM: heute Tell Farama, liegt 38 km südöstlich von Port Said. Hier wurde 525 v. Chr. die ägyptische Armee von den Persern besiegt

PHERME: die Lage ist unbekannt, vielleicht ein Berg in der Sketis

POIMEN: einer der größten Väter der Wüste, der noch den hl. Antonius kannte. Nach der Verwüstung der Sketis zog er sich in einen verlassenen Tempel zurück und lebte dort bis etwa 450. Er soll 110 Jahre alt geworden sein

NEILOS: wahrscheinlich der berühmte Mönchstheologe, dessen Schriften ganze Generationen formten. Abt eines galatischen Klosters in Ankyra, führte einen ausgeprägten Briefwechsel

SERAPION: Zeitgenosse der Väter Kronios und Isidor, Priester, lebte bei Arsinoe, nördlich von Herakleopolis Magna

SISOES: ein Schüler des Makarios in der Sketis. Nach dem Tod des hl. Antonius ging er nach Pispir, weil die Sketis überlaufen war

SKETIS PAMBA: Leiter einer großen Ansiedlung

SKETIS: Sketische Wüste, Wadi Natrun (Natrontal), eine etwa 50 Kilometer lange und 15 Kilometer breite Bodensenke in der libyschen Wüste westlich vom Niltal mit salzhaltigen Seen, einst unterschieden als Nitrisches Gebirge. Hier war der klassische Boden für die Entfaltung der christlichen Aszese im 4. und 5. Jahrhundert in Form des anachoretischen und halbcönobitischen Mönchtums

THEODOR VON PHERME: hat nach dem Barbareneinfall um 410 die Sketis verlassen und ist nach Pherme (vielleicht bei Jerusalem) übergesiedelt

THEOPHILOS: Erzbischof von Alexandrien, 385–412 Patriarch, fanatisch und unklug

ZENON: hat wahrscheinlich im 4. Jahrhundert in der Sketis gelebt, Schüler des Abbas Silvanos. Machte möglicherweise eine Reise nach Palästina. Es könnte auch ein syrischer Einsiedler gemeint sein, der bei Antiochien lebte (350–419). Der einstige Offizier am kaiserlichen Hof, Schüler des Basileios, lebte 40 Jahre von den Menschen hochverehrt in einem Grabhügel bei Antiochien bei Wasser und Brot

Meterikon
Die Weisheit der Wüstenmütter

Bisher kaum bekannt ist das geistliche Vermächtnis früher Christinnen, die ein Leben in Abgeschiedenheit und Gebet in der Wüste wählten. „Meterikon" versammelt ihre Aussprüche, Briefe und Texte.

ISBN 978-3-936484-32-8
Geb., 160 Seiten